JN075143

リフレクションを学ぶ！
リフレクションで学ぶ！

上條晴夫 編著

G学事出版

まえがき

・・・・・・・・・・・

　好きなことを持続させ、嫌いなことを耐え忍んでいく態度が形成される仕方にみられるような、付随的な学習のほうが綴り字（スペリング）の授業や地理や歴史の授業で学習することよりもはるかに重要なものである。

（ジョン・デューイ『経験と教育』より）

 ## リフレクションが本格的に必要になるとき

　授業づくりを学び始めたときに考えることはなんでしょうか。

　大学で教師を志す学生たちに話を聞いてみると、授業をプランどおりやり遂げられるようになりたいと考える学生が多いようです。

　しかし、なかなかプランどおりにはいきません。教員になってからも試行錯誤は続きます。研究データによるとプランどおりに授業ができない悪戦苦闘の時間は半年から2年ぐらい続くと言われています。

　授業のリフレクションが本格的に必要になるのはこの頃からです。自分なりの授業パターンのようなものができて、そのパターンに従って授業をすると何とか45分（50分）の授業をやり遂げることができるようになります。しかし、授業途中で「この差し手でよかったのかな？」「もう少し納得のいく展開があったかも？」と悩み始めます。

リフレクションを学ぶことの必要性

　この新しい悩みや迷いの解決策の一つがリフレクションです。

　この頃までの授業づくりは誰かに教えてもらった授業パターンを試してみて、「教えてもらった通りやり遂げられたか」を真似することで上達していきます。しかし、そこから先の悩みや迷いは真似するだけでは解決しにくくなります。それは悩みや迷いの性質が授業している最中に感じる「事前にプランにできなかった自分の想い」や「実際の授業状況の中で生まれたプランを超えた新しい着想」に変化するからです。

この想いや着想を次の授業に活かすのがリフレクションです。ただしこのリフレクションはそれを学ぶことが必要です。自然にやれる人たちも一定数います。しかし、リフレクションの知識やスキルがないと真似による授業づくりからなかなか脱出しにくい場合が多いです。ここにリフレクションの学びの必要性があります。

◆ リフレクションの学び方

　教師を含めた専門家のリフレクション研究が始まったのは前世紀の終わりごろです。日本でも授業分析の方法として「刺激再生法」「ストップモーション方式」「授業リフレクション」などの方法が試されていました。しかし、まだ一般的ではありませんでした。

　本書で提案をするリフレクションは、F・コルトハーヘン編著（武田信子監訳）『教師教育学』（学文社、2010年）によって広く知られるようになった「リアリスティックな教師教育」の研究の系譜上に位置づくものです。

　本書におけるリフレクションの提案は大きく二つです。

　一つ目は「協働的な授業リフレクション」です。従来行っていたゼミの授業検討会を「授業の良し悪しを分析する」方法から「授業を体験して気づいた学びの意味（としかけ）を聴き合う」方法に変えました。それまで無自覚だった**気づきの取り出しをコルトハーヘンさんの「ALACTモデル」を使って手順化**しました。これを契機に気づき（アウェアネス）を協働的に磨き上げる方法が生まれました。

　二つ目は「共同体のリフレクティブな学び」です。それまでリフレクションはワークショップによる体験で修得されると考えていました。しかし、コロナ禍の中で立ち上げた**現場教師を支援するコミュニティにリフレクティブな学びのしかけを埋め込む**という試みを行いました。すると「リフレクション〈で〉学ぶ」という新しい次元が見えてきました。共同体のリフレクティブな学びが生まれました。

上條晴夫

第 1 章

リフレクションを学ぶ

上條 晴夫

1 協働的な授業 リフレクションの誕生

● 追試メカニズムによる上達論 ・・・・・・・・・・・・・・・・

　1980年代半ばから1990年代半ばまで「教育技術の法則化運動」という大きな波が教育界を覆いました。今では信じられないかも知れませんが、全国各地に若い先生による「法則化サークル」が誕生しました。

　この教育運動の核となったのが**追試**というメカニズムでした。

　この運動のきっかけとなる実践が向山式跳び箱指導法でした。運動の中心人物である向山洋一さんは著書『教師修業１　跳び箱は誰でも跳ばせられる』（明治図書、1982年）の書き出しで次のように書いています。

　　　「跳び箱はだれでも跳べます。跳び箱はどんな教師でも跳ばせることができます。わたしはこのことを一人でも多くの人に（とくに小学校の教師に）言いたくて、この原稿を書いています。」

　向山さんは跳び箱を跳ばせるためには「腕を支点とした体重移動」を体感させることができればよいとして、その体重移動を体感させる以下二つの方法を簡単な図解と説明文を用いて丁寧に書きました。

（A）跳び箱をまたいですわらせ、腕に体重をかけさせてとび降りさせる。「跳び箱を跳ぶというのは、このように両腕に体重をかけることなんだよ」と説明する。通例五、六回である。

（B）跳び箱の横に立ち、走ってくる子の腕を片手でつかみ、おしりを片手で支えて跳ばせる。体重の重い子は、両手でおしりを支えても良い。段々跳べそうになるのが、手の平にかかる体重が軽くなることでわかる。
　通例、七、八回である。

（A）の方法	（B）の方法

前掲『教師修業１』より。イラストは本書を参考に作成。

　当時、小学校教師だったわたしもこの向山式指導法でクラスの跳び箱の跳べない子を次々と跳ばせていきました。また、わたしの話を聞いた年下の先生のクラスの跳べない子たちの指導にも成功しました。

　これが技術を真似することで授業を上達させる方法です。

● 協働的な授業リフレクションの誕生（原型）

　2006年に大学教師になりました。学生たちには「すぐれた技術を含む授業モデル」を師範授業して、それを少しリフレクション（ふり返り）してもらい、あとは各自で「追試」してもらおうと考えました。

　このスタイルで数年実践を続けましたが、頓挫しました。

　要因はわたしが「〈すぐれた〉技術を含むモデル」だと考える授業を示してもそれが刺さる学生ばかりではなかったことです。それがなぜなのかなかなか理解できませんでした。数年かけてわかったことは、「すぐれた」という判断はあくまでわたしの価値観（関心）だということです。わたしがわたしの価値観（関心）を押しつけることをしない限り学生は、学生個々の価値観（関心）で授業の価値を判断するということです。

　つまり、学生が自分の価値観を問い直すような「批判的なふり返り」のしかけを作らない限り、ただ「変わった授業を体験した」ということに止まってしまって、そこから学びは生まれないということです。単純に「すぐれた」ものを推奨しても更新は起こらないということです。

◆

　２年生ゼミナール（以下、ゼミ）では、学生が一人ずつ授業をしていました。自分の好きなことを題材に授業づくりをします。20分間の実験授

業をしてもらった後、ゼミ生みんなで授業検討します。実験授業について学生たちが気づいたことをわいわい自由に指摘し合います。最後にわたしが「これが最も整合性の高い見方である」という見解を示して締め括っていました。

　しかしある年、ゼミ生のKくんがその授業検討の最中に奇妙な行動をくり返しました。みんなが一人ずつ自分の気づきを話している最中に、他の学生の考えを聞かずに一人考え込む行動をとりました。その行動に興味を持ったわたしは、「いま何を考えていたの？」と会の進行をストップさせて質問をしました。すると、「ちょっと前の××さんの発言の中の○○という言葉が気になって。それってどういうことなんだろうと考えていました」という返事です。そういう行動が何度もありました。

　すごく面白いと思いました。それまでのわたしの関心は授業づくりに現れた「技術的合理性」を分析することでした。しかし、彼のやっていたことはゼミ生仲間の「思考や感情の筋道」を追体験してみることでした。何度も彼の話を聴くうち、彼のやり方にだんだん興味が湧いてきました。わたしは彼の方法を試し始めました。わたしがあまり面白がって彼の話を聴くものだからゼミ生たちも彼の方法を試すようになりました。

　ちなみに彼には少し変わったクセがありました。ゼミ懇親会で一緒に歩いているとき、突然一人道に座り込んで、そこに見つけた亀裂を観察し始めます。スマホで撮影をしたり、亀裂について考え込んだりします。わたしは授業検討会で彼がする奇妙な行動をこのクセとつなげて考えていました。それは「思考や感情の〈筋道〉」の探究というより「思考や感情の〈亀裂〉」の探究（追体験）であると考えていました。

　これが「協働的な授業リフレクション」の原型の誕生です。

● ALACT（アラクト）モデルに基づく手順化

　「協働的な授業リフレクション」について最初に活字にしたのは、拙著『理想の授業づくり』（ナカニシヤ出版、2017年）です。流れを次のように書いています。

- ・各自その授業の良さを箇条書きする。
- ・全員で輪になって、一人ずつその授業の良さを語る。
- ・良さを指摘し合うというより、良さを聴き合うという感じである。
- ・他のメンバーの発言を聴いて、似ている考えがあれば付け加える。
- ・付け加え発言をすることによって良さを掘り下げる。
- ・感じ方の違いがあれば吟味検討する。

　この方法の原型を作ったのは、先のKくんを中心とするゼミ実践です。しかし、その理論的背景としてF・コルトハーヘンさんの「ALACT（アラクト）モデル」があります。以下がその「ALACTモデル」です。

　「ALACTモデル」と上記の「協働的な授業リフレクション」のつながりがわかりにくいかもしれません。じつはコルトハーヘンさんがこのモデルをどのように創ったかを直接伺いました。学生に人気の高い（現場経験のある）教員へのインタビューがそのベースになっているそうです。

　モデルについては、具体的な使い方を質問しました。「『行為のふり返り』は気づきを列挙すること」「**『本質的な諸相への気づき』は列挙された気づきの中の一番を決めること**」であると教えてくれました。そのために「協働的な授業リフレクション」では授業を見た後にすぐに「気づき」を箇条書きします。そしてその「気づき」の中で優先順位の一番の「気づき」にフォーカスして聴き合いをすることにしました。

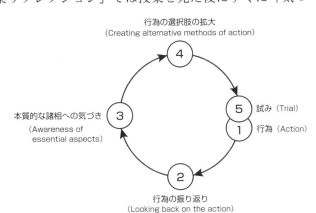

「ALACTモデル」
出典：F・コルトハーヘン編著、武田信子監訳『教師教育学』
　　　学文社、2010年、54頁。

2 反省からアウェアネスへ

● ストップモーション方式による授業研究 ‥‥‥‥‥

　「ストップモーション方式」は日本における授業リフレクションの
ルーツの一つです。(藤岡信勝『ストップモーション方式による授業研究の方
法』学事出版、1991年) わたしはこの方法で授業リフレクションに出会い
ました。ストップモーション方式の開発者・推進者である藤岡さんが代
表をされていた「授業づくりネットワーク」に所属して実践研究を行っ
ていました。

　授業提案者にもなったし、参加者として何度も参加しました。

　この研究方法を箇条書きにすると以下の通りです。

---

① 1本の授業ビデオ (45分間) を再生・視聴する。

② ただしずっと通して見るのではない。

③ 参加者が「ストップ!」と声をかけて画面を一時停止させる。

④ 一時停止させて以下のことをする。

　・コメンテーターが授業の背景等を説明する。

　・参加者たちが授業についての気づきやもやもやを出す。

　・参加者同士で気づきやもやもやを議論する。

　この授業リフレクションの良さを藤岡さんは 3 つ指摘しています。

　一つは議論が授業事実に即して行われることです。従来の授業検討会
では授業の事実から離れた理念や目標論のレベルで議論が進むことが多
かったけれど、この方式だと事実から離れた発言はできないです。

　特に教師の教授行為を細かく分析検討することができます。

　二つは問題を共有化できます。参加者の中に意見の賛否がある場合も、
ビデオで授業を (間接的ながら) 経験するという経験の共有ができるため
に問題の共有が生まれやすいです。生産性が高くなります。

発問一つの議論でも授業の文脈と関連させやすいです。

三つは誰でも参加しやすいです。ベテランの知識・経験にもとづいた発言も初心者の素朴な疑問もすべてが「気づき／もやもや」を掘り下げるための役に立ちます。ゆえに参加者の満足度は高くなります。

とにかく誰でも平等に口出しできるチャンスがあります。

良さが3つ指摘されていますが、授業リフレクションとして画期的であるのは、リフレクションで最も重要な**「気づき／もやもや」**と**「そのきっかけシーン」の結びつきがつねに意識される**点です。気づきシーンを吟味することがリフレクションの精度をあげるのに貢献するからです。

● 授業リフレクションの系統樹 ‥‥‥‥‥‥‥‥‥

授業リフレクションを語る場合、まだ言葉が定着していないので定義を押さえて考える必要があります。藤岡完治『関わることへの意志－教育の根源』(国土社、2000年)は「授業リフレクション」について以下のように端的にまとめています。(「狭義」の定義は暫定的です。)

> 「授業リフレクションとは、もっとも広い意味では自分の授業の振り返りを取り入れた授業研究の総称で、授業研究におけるリフレクティブなアプローチをいう。狭義には、一定の手続きを踏まえた教師の反省を取り入れた授業研究方法を指す」

これまで提案されている教師教育に活用されている授業リフレクションには上述の「ストップ・モーション方式」、藤岡完治さんらの「カード構造化法[*1]」、そして澤本和子さんの「授業リフレクション」などの方法があります。これらのリフレクティブな授業研究の方法を藤岡完治さんは大きく二つに分類します。**一つは「反省」、もう一つが「アウェアネス(気づき)」**です。「ストップ・モーション方式」「授業リフレクション」は前者、「カード構造化法」は後者に分類されます。

これをもとにいまあるリフレクションを整理したものが次です。

[*1]　授業の印象(印象カード)と気づき、考えたことなどをカードに書き出し、それを直感で分類し、考察を深める方法。

反省の リフレクション	▶	**授業の「良し悪し」を分析する** （刺激再生法）＊吉崎静夫 （ストップモーション方式）＊藤岡信勝 （授業リフレクション）＊澤本和子
アウェアネス （気づき）の リフレクション	▶	**授業の「見え」の世界を探究する** a）授業者の「見え」に焦点化する 　（カード構造化法）＊藤岡完治 　（PCAGIP法）＊村山正治 b）参加者の「見え」に焦点化する 　（協働的な授業リフレクション）＊筆者

藤岡さんは「反省」タイプの各手法を次のように要約します。

　刺激再生法…「子どもに自分の授業ビデオ記録を視聴させて、当該場面の内的過程を記述させることにより、教師が子どもの試行を辿り、自分の授業を反省するのに用いる」
　ストップモーション方式…「問題場面での画像を止めて話し合う。いずれも評価の基準が前もって存在しており、計画との関係が問われる」
　授業リフレクション…「随時さまざまなリフレクティブな方法を組み合わせ、一人あるいは複数で、『わかる』過程や『わからなかった』過程を取り出し、その理由を考え、教材や単元構成を検討する」

　そして「いずれの場合も取り出された場面は『よし』『悪し』を話し合うための対象である。したがってここで行われていることは、基本的に『反省』であるといってよい」というふうに括ります。つまり、「反省のリフレクション」がめざすのは「反省」の積み重ねによって「指導の共通性、一般性」を見つけ出すということです。
　わたしは「ストップモーション方式」を数多く経験し、解説本の共著者にもなっていますが、目指していたモノは「教師の意図」と「教授行為」のズレを見定めること。「反省」の積み重ねによる「指導の共通性」を見つけ出そうとするものでした。この点では澤本さんの「授業リ

フレクション研究」なども同様だと思います（澤本和子ほか『わかる・楽しい説明文授業の創造－授業リフレクション研究のススメ』東洋館出版社、1996年）。

　これに対して「アウェアネスのリフレクション」では「授業者の『見え』の世界を自分自身が探求することによって、これまで意識しなかった次元における気づきを得る」ということが目標にされています。わたしが新しく開発した「協働的な授業リフレクション」も同じです。

　アウェアネスのリフレクションでは「計画や目標は、リフレクションに際しての準拠枠にはならない。むしろ、それらは自分の授業における経験にどのように作用しているかがリフレクションの対象である。子どもが、わかるか、わからないかはリフレクションの対象ではない。むしろ、子どもが授業において何をどのように経験しているかについての洞察が目的」です。反省のリフレクションが「授業を教師から独立した実体」と見なし、その分析から授業を改善していこうと考えるのに対し、アウェアネスのリフレクションでは「授業を学習者と教師をその内側に包み込んだ相互性の経験」（関係の束）と捉え、それぞれの経験内部がどのようなものであるか。それを了解しようとしています。

　ただ藤岡さんらの「カード構造化法」が「プロンプター」と呼ばれる聴き手と（子どもを対象とした）授業者との一対一の対話が中心であるのに対して「協働的な授業リフレクション」はファシリテーターである聴き手が学習者（参観者）に対しても授業者と同等以上の比重で対話を行います。この違いが生まれた最大の理由は「協働的な授業リフレクション」が大学ゼミにおいてゼミ生を学習者役とした実験授業の検討会として開発された点にあります。授業で生まれた気づきを協働的に聴き合うことを通して、より満足度の大きい気づきの探究になります。

　つまり、「協働的な授業リフレクション」では授業者にとっての経験（アウェアネス）だけではなく、学習者（参観者）にとっての経験（アウェアネス）をも検討することになります。よく言われる「リフレクションの対象の拡大」（Korthagen,1985[2]）が行われていることになります。

＊2　Korthagen, F.A.J.（1985）Reflective teaching and preservice teacher education in the Netherlands. Journal of Teacher Education, 36（5）, pp.11-15.

もう一度ポイントをくり返すと、「反省のリフレクション」が授業を学習者や教師の外にある実体と捉え、その分析、改良を行おうとするのに対して、「アウェアネスのリフレクション」は授業を学習者と教師をその内部に包み込んだ相互性の経験と捉え、それを了解しようとします。この「関係の束の了解」が教師の実践知獲得の土台になります。

進化の系統樹のその先①：理論のリフレクション…

リフレクションをごく大雑把にいうと「体験」と「コトバ」を結びつける科学です。できるだけ体験の中身が実感からそれないように言語化をしていきます。その言語化されたコトバを手がかりに次の体験をよりよい方向へとコントロールします。

体験的学習では農作物をつくったり工作をしてみたり、実際の体験を通して実感されたことをコトバにすることで体験からの学びを引き出します。この「体験⇒コトバ」という方向性がリフレクティブな学び方の王道と言えます。しかしその反対の学び方はできないでしょうか。そんなことはないだろうと思います。

学生時代に渡辺茂著『数学感覚－自分の頭から抜けだす方法』（青春出版社、1977年）という本を読みました。いまで言う「思考ツール」「フレームワーク」の本だったかなと思います。例えば「感覚的な比較は一対一比較法がよい」みたいな！

タイトルに惹かれて読み始めたのですが、だんだん面白くなくなります。もう投げ出してしまおうかと思い始めたときに「あれ?! この頁の考えはサークル活動で困ったあのときの体験を考えるのに使えるかもしれないぞ！」と気がつきます。

そうか、この学び方か！ 自分なりの大発見をして、本の中に出てくる「コトバ」（フレーム）を使って自分の体験を深掘りし始めました。そうすると「だったら次のサークルではこんなふうにやってみよう」と次々にアイデアが浮かんできました。

リフレクションのファシリテーションをやらせてもらうとき、通例は事例提供者に「ワークショップ」のような体験学習をやっていただきま

す。その場で生まれた「体験（実感）」をどのように「コトバ」にしていくかをサポートします。

　ところが先日のファシリテーションでは事例提供者の方がご自身が最近出版された本のコトバを縷々（るる）語り始めました。「実験授業」や「インプロワーク」などの体験をもとに実施するリフレクションのやり方ではやれなくなっちゃったなぁと思いました。

　しかし何とかなるもんです。レクチャーの中で語られたコトバをもとに参加者の方たちが次々とご自身の「体験」を語り始めました。すごく面白かったです。最初に「コトバ（概念・理論）」があって、それを契機にしたリフレクションも興味深いです。

　この「理論のリフレクション」について、現在「**リフレクション・ラウンドテーブル**®*3」という方法論に基づく実践的な研究を行っています。（この「リフレクション・ラウンドテーブル®」については、大学授業のリフレクションとして第5章で詳述。）

●● 進化の系統樹のその先②：深さのリフレクション…

　協働的なリフレクションを行っていると、さまざまなレベル（深さ）の「気づき（アウェアネス）」が出てきます。ファシリテーションする際には、それらを厳密には区別せず、むしろ「似ている考え（気づき）」を出し合うことよって「さまざまな深さの『気づき』」の相互作用を促します。

　この部分のメカニズムをわたしはコールバークの「道徳性発達理論*4」に基づくモラルジレンマ授業の原理によって考えています。つまりレベル（深さ）の異なる「気づき」は近接的な「気づき」によってこそ触発されるというアイデアです。やや雑な言い方をすると「レベルの違い過ぎる気づきはピンと来ない」「少し上の気づきを聞くことで変容が起こる」という考えです。つまりファシリテーションする際にはさ

---

*3　マネジャーと組織の行動変容を生み出すプログラム。© J.Feel Inc.
*4　アメリカの心理学者ローレンス・コールバーグ（Lawrence Kohlberg, 1927-1987）は人間の道徳性の発達段階は3つのレベルと6つの段階をもつと提唱した。

まざまなレベル（深さ）の気づきが現れるように場を作っていくことにしています。

では、どういうレベルの「深さ」が考えられるでしょうか？

C・オットー・シャーマーの「U理論[5]」の分類が参考になります。「学習と変化の４つのレベル」と呼ばれる図です。

レベル１：習慣や繰り返しているやり方で反応する

レベル２：行動をふり返る（シングルループ学習）

　　　　・自分たち自身こそがシステム（全体）だと気づく

　　　　・参加者は誰でもテーマや課題を提起できる

レベル３：行動の前提をふり返る（ダブルループ学習）

　　　　・自分と全体との間に流れているものから話す

　　　　・全体性から見る、行動する！

レベル４：出現する未来から学ぶ

いまわたしが行っている学生や若い先生たちを対象にした「協働的なリフレクション」ではレベル１〜３が中心です。ただしコルトハーヘンさんの「コア・リフレクション[6]」と呼ぶレベル４があります。

そこでわたしもE.H.シャイン『プロセス・コンサルテーション』（白桃書房、2012年）に出てくる「メタ

Uの谷を下り、上がる「U理論」の変革プロセス
『U理論』（英治出版）を参考に筆者作成

ローグ」（集団全体として考え、感じる、新しい仮定や文化を共有する）などを学びつつ「深く潜る旅」を模索しています。

「PCAGIP」方式（後述）によるリフレクションはその実験の一つです。

＊５　『U理論　過去や偏見にとらわれず、本当に必要な「変化」を生み出す技術』英治出版、2010年。

＊６　その人が本来持っている強みであるコア・クオリティ（中核的な資質）に注目する振り返り。

3 ファーカシングによる 指導方法の探究

人間中心主義の哲学

　「協働的な授業リフレクション」では「ALACT モデル」を理論的な支えとしていますが、その部分を含めた全体の流れを決めているものとしてカール・ロジャーズの「人間中心主義の哲学」の影響が大きいです。

> 「カウンセラーがおこなうことはクライエントに内在する力（資源）が出現するべく促進的な態度をもつ、ということで、カウンセラーが権威者として治療場面を仕切っている図柄とは全く逆の、その人を中心に置いたアプローチである。これを英語で Person-centered Approach（パーソン・センタード・アプローチ）と言うのはそのためである。」
>
> （村山正治・中田行重編著『新しい事例検討法 PCAGIP 入門』創元社、2012年）

　ロジャーズの人間中心主義の哲学は精神分析や指示的カウンセリングの考え方にパラダイム・シフトを起こしたと言われています。ロジャーズ以前の考えでは心理療法家は患者・クライエントのメカニズムをよく理解していて、それをもとに助言すると考えていました。これに対して、ロジャーズは「クライエントこそ問題解決の主人公」という考え方を打ち出します。つまりクライエントには「内在する力（資源）」があって、カウンセラーはその出現を促進する態度をとるという考え方です。

　わたしがこれをどこで身につけたかというと、人間中心主義の哲学を背景にもつゲシュタルト療法[7]・フォーカシング[8]のグループセッションに５年近く通い続けた経験と省察によります。「協働的な授業リフレ

---

[7] ドイツ出身の精神科医フリッツ・パールズとその妻のローラによって、ゲシュタルト心理学、実存主義思想などを手がかりに始められた心理療法。

[8] アメリカの哲学者・心理学者のユージン・ジェンドリンによって明らかにされた心理療法の過程。体験過程に直接注意を向け、その象徴化を促進する技法。

ション」開発前のわたしも、学生の気づきに一定の敬意を払っていましたが、直前に行われた授業について最もよく知っているのは授業メカニズムの知識と経験を持っている専門家であるわたしだと考えていました。

これに対して「内在する力（資源）が出現するべく促進的な態度」をとるということが一貫するようになるのは、池見陽『心のメッセージを聴く－実感が語る心理学』（講談社、1995年）でジェンドリンの発見を読んでからでした。ジェンドリンは、カウンセリングが成功するのはセラピストの技法でも態度でもなく、クライエント本人が自分の心の実感に触れ、実感に触れながらそれを言語化した場合、それ以外にないことを発見します。

つまり、ファシリテーターとして学生の「アウェアネス（気づき）のリフレクション」に貢献できることは学生が自分の実感に触れる可能性の高い場（シチュエーション）を準備すること、その場を通して生まれた実感を自分の言葉で語るよう促し続けることだけだということです。

協働的な授業リフレクション研究会－原理の発見－

Kくんとゼミ生たちとの実践、コルトハーヘンの「ALACT モデル」、そしてロジャーズの「人間中心主義の哲学」によって、「協働的な授業リフレクション」のおおよそができあがったところで協働的な授業リフレクション研究会を作って、現場教師との実践に踏み切りました。

そこでゼミでは自覚でなかった2つの原理を発見します。

原理1：気づきときっかけ場面をむすぶ
原理2：似ている気づきを重ね合わせる

「協働的な授業リフレクション」は模擬（実験）授業に参加した人が輪になって座り、一人一つずつ「自分の実感的な気づき」を語ります。その語りにファシリテーターであるわたしが質問して対話します。何をしていたかというと「思考や感情の（亀裂）」の探究を促していました。

ゼミで授業リフレクションする場合は、学生はわたしに促されるままに自分の実感を言語化していきます。そうすることでその場で起きた自

分の中の「学びの意味」や「（その学びの意味を生み出す）学びのしかけ」を掘り深めます。そしてそれに満足します。ところが現場の先生たちの中にはわたしのやっている「気づき（のリフレクション）」を促すファシリテーションのほうをやってみたいと考える人たちがいました。

　ある若い先生は、「気づきに対して、いろいろな質問をしていますが、どのくらいパターンがありますか？」と質問しました。わたしは即答で「あれこれ質問しているのは、気づきときっかけシーンがつながっていない（亀裂がある）ように感じられるので、それを少ししつこく聴いているだけです」と伝えました。これが原理１の発見になりました。

　この原理１を発見し、すぐ原理２があることに気づきます。

　原理２は「似ている気づきを重ね合わせる」。これは「内在する力（資源）」が出現する場をわたし一人では準備することが難しいと無意識にやり始めたことです。小学校教師時代に子どもたちの「自由討論」の文字起こしをしたことがあります。わたしには一つの論点をいつまでも同じところでぐるぐる話をしているように見えた子どもたちの討論が、文字起こしをしてみると、実は微妙に迫り上がっていることに気づいて、驚きました。それは「似た部分に関心を持つ者が言葉をやりとりすると、関心が深掘りされる」というわたしなりの実践知になりました。

　この実践知をもとに似た気づきを持つ学習者の語りをつなげてみることをしていました。すると、「似ているけれど微妙に違う部分が刺激され合って、相互の深掘りが起こる」というメカニズムが生まれました。

●ジェンドリンが注目した「語り方」

　「フォーカシング」に影響を受けつつ「協働的な授業リフレクション」を続けるうち参加者の語る内容（コンテンツ）にだんだん関心を持たなくなりました。むしろ関心を持たないようにする工夫を始めたと言ってもよいです。語る内容ではなく、語り方に着目するようになります。

　ジェンドリンの研究がそれを示唆していました。ジェンドリンは自己理解を深めていきやすいクライエントには一定の「語り方」があることを発見します。それは砕いて言うと「自問自答」のスタイルです。

4 箇条書きリフレクションの提唱

カンブリア爆発期のリフレクションの特徴 ‥‥‥‥‥

　コロナ禍の中、日本の ICT 教育（特に遠隔教育）が世界に比して相当遅れていることがわかりました。コロナ禍の一斉休校で多くの先進国が当たり前のようにオンラインによる教育を推し進めたのに対し、日本の小中学校はなす術がありませんでした。土台となるインフラが整っていませんでした。不完全ながら唯一動けたのは大学ぐらいでした。

　しかし、ICT 教育の圧倒的立ち遅れを理解した日本の教育行政は「GIGA スクール構想」の前倒しによって、2021年4月から「情報端末」が一人1台用意できるように対策を講じます。もちろん情報端末が用意されただけで人と人を結ぶデジタル教育ができるわけではありません。教師は自身の教育観や教育方法の根本的見直しを始めることになります。

　この状況をわたしは「**カンブリア爆発期の技術革新**」と呼びました。2020年、学校教育を取り巻く状況は一変します。以前から ICT の教育に熱心だった研究者や実践者がこぞって「これこそ！」とデジタル教育を語り始めます。あちこちでさまざまなオンライン研修やオンライン講演が行われ始めます。これまで静観するしかなかった学校現場の先生もインフラ整備がイッキに進むことがわかって、そうしたオンラインでの研修や講演に集まり、デジタル時代の教育のあり方を模索し始めます。

　しかし、わたしは2021年から始まるデジタル時代の教育は、まだしばらく混沌とするだろうと考えます。そこにはたくさんの試行錯誤があるはずだからです。その混沌とした中、大学だったり、たまたまインフラ環境の整った小・中学校で実践した人たちが自分の気づきを箇条書きのように列挙して SNS 上にシェアする動きを見つけました。まだ構造を作って主張するところまではいきませんが、とにかく気づいたことをシェアしたいという、その動きをいいなと思いました。その箇条書きには自実践に閉じない、公共的な教育の可能性があるなと直感しました。

●●上ではなく下に理論拡張する意味・・・・・・・・・・・・・・・・・

　「箇条書き」は自分の気づきを箇条書きし、シェアをするというだけのものですが、カンブリア爆発期の技術革新にとって、「自閉しない」「公共性のある」大事な方法だと考えました。そこでこれまでわたしが学んできたコルトハーヘンさんのリフレクション理論を整理・拡張して作ったものが以下の「リフレクションの3段階モデル」です。

①箇条書き
リフレクション

* とにかくやってみた「気づき」を箇条書きする
* 「対話ツール」として読み手を意識する
* 自己リフレクションがしやすい

②場面描写
リフレクション

* 自分の良いと思う授業シーンを一つ絞って描く
* 「後出しリフレクション」が役に立つ
* 協働的リフレクションが有効だ

③意味対話
リフレクション

* 自分の探究すべき実践の意味を掘り下げていく
* 「自問リフレクション」が鍵になる
* 対話リフレクションが必要である

　コルトハーヘンさんのリフレクションの理論は、「ALACT モデル」という経験学習サイクルを中心に二つのレベルがあると解釈しています。
　ごく粗く説明すると、一つは通常授業をふり返るときなどに使われるもので、授業者が自分の授業の中で気づいたことを具体的な授業場面にもとづきながら深掘りしていくものです。もう一つは個別の授業実践に限定されず、自分の日々の実践の中に埋もれている「コア」（こだわり）を意識的に取り出そうとするものです。〈＊日本で翻訳・紹介をされている『教師教育学』（学文社、2010年）は前者のレベルのものが紹介されているだけですが、もう一つ、後者のレベルのそれはコルトハーヘンさ

んが来日時に行ったワークショップや未翻訳の著作などの中に書かれています。〕

　この二つのレベルのリフレクションについてわたしなりに解釈をしたものが「リフレクションの3段階モデル」における「②場面描写リフレクション」と「③意味対話リフレクション」です。（念のために言うと、コルトハーヘンさんがこういう言い方をしているわけではないです。）

　この二つのリフレクションの下層レベルに、わたしは上述の「箇条書き」の発見をもとに「①箇条書きリフレクション」を付け加え、3段階モデルに理論拡張しました。ふつう理論を拡張する場合は上層に向けたそれを行いますが、わたしの場合は「下層」に向けて「拡張」しました。それは日本におけるリフレクション実践は（実践的にはすぐれたものが存在しているものの）理論的にはまだ未整備の状態であること、さらに「場面描写」「意味対話」のリフレクションはファシリテーターなどのサポートがないと、実践がなかなか難しいという判断がありました。

　つまり、「箇条書きリフレクション」という一人でやりやすく、相応に役に立つリフレクションを価値づけることで、リフレクションの基本の考えと基礎スキルを体験してもらうことができると考えたからです。

【リフレクションの基本の考え】
　・内面の意識的な探索行動を企てること
　・自分の実感を逃さずに言語化すること
　・小さな気づきも漏らさず取り出すこと
　・外言化による触発作用を期待すること
【リフレクションの基礎スキル】
　・言語化をするつもりで経験をすること
　・自分らしい言葉で書くようにすること
　・できるだけたくさん探そうとすること
　・書き出し途中の気づきもメモすること

● 箇条書き／場面描写／意味対話 ・・・・・・・・・・・・・・・・

　リフレクションというと恰好良いことを言うことだと勘違いする人が少なくないです。しかしそうではないです。リフレクションの本質とは自己理解にあります。もうちょっと正確に言うと、自分の中の未だ言語化されていない価値や想い（好き）に気づくということです。

　当然これはアウェアネスのリフレクションの考えです。

　反省の授業リフレクションでは授業を自分の外側にあるものと考え、授業者の意図（授業目標）に対して学びのしかけが矛盾や綻びがないか、もし矛盾や綻びがあるとしたらどこにあるかを考えます。意図の綻びに整合的説明を試みようとするのが反省の授業リフレクションです。自分の考え出した説明が整合的であることを主張しようとするので格好良い言葉が必要になります。格好良さ＝説得力が必要ということです。

　しかし、アウェアネス（気づき）の授業リフレクションは授業で自分が体験したものの「見え」を語るだけです。授業を体験して気づいたこと感じたことを語るには「『見え』を自分なりに描写する言葉」があれば十分です。よく言われる「自分（なり）の言葉」です。反省のリフレクションが要求する**他者を説得する「格好良い言葉」は不要**です。

　この「アウェアネス（気づき）のリフレクション」の考え方に基づき「箇条書きリフレクション」「場面描写リフレクション」「意味対話リフレクション」の３つのレベルについてやや詳しく説明します。

①箇条書きリフレクション

　「箇条書きリフレクション」では、自分の「見え」をとにかくたくさん書き出すという作業をします。自分がその授業で気づいたこと感じたことを書き出すことによって、自分が体験した授業が浮き彫りになります。

　リフレクション軸は大きく二つです。一つは「教師目線」であるか、「学習者目線」であるか。もう一つは「思考寄り」か、「感情寄り」か、です。大きく４つに分かれます。コルトハーヘンさんは「８つの問い」

として整理しています。わたしが「思考－感情」としたのをさらに細かく「doing（何をしたのか）」「sinking（何を考えたのか）」「feeling（どう感じたのか？）」「wanting（何を望んでいたのか）」と分けています。

	授業者	学習者
行動	1. わたしは何をした？	5. 相手は何をした？
思考	2. わたしは何を考えていた？	6. 相手は何を考えていた？
感情	3. わたしはどう感じていた？	7. 相手はどう感じていた？
望み	4. わたしは何を望んでいた？	8. 相手は何を望んでいた？

「8つの問い」

　しかし、「箇条書きリフレクション」ではこうした分類よりも授業体験によって「実感」したことを「コトバ」にする作業自体を大事と考えます。目に見える「行動」、「大きな想い」である意図だけで授業を捉えるのではなく、「小さな考え」である気づきや「感情」、さらには感情の奥にある「理想・こだわり」（望み）などをコトバにしようとします。
　では自分の「実感」をどのように「コトバ」にするか。
　「箇条書きリフレクション」では実感のコトバを手に入れるために次の二つのガイドの言葉を使います。このガイドによってそれまで無意識に行ってきた「実感をコトバにする（内面の意識的な探索行動を企てる）」リフレクションを少しだけ意識して行えるようになります。

①時間を区切って気づきを箇条書きします。
②悪い点だけではなくて良い点も書きます。

　「気づき」は体験した人の内面に起こった変化です。変化のうち意味あるものとして捉えられたものが「気づき」です。思考の気づきと感情の気づきと両方あります。コトバになりやすいハッキリとした気づきと「もやもや」としか言い表せないハッキリしない気づきがあります。

②場面描写リフレクション

　「場面描写リフレクション」では自分の「見え」の解像度を上げるために、自分の気づきのきっかけになったシーン（場面）を詳しく語るリフレクションをします。きっかけシーンをできるだけ活き活きと語ります。

　コルトハーヘンさんの「ALACT モデル」では３つ目のAの箇所です。「本質的な諸相への気づき」と翻訳されている箇所です。

　この「本質的な諸相への気づき」をわたしの開発した「協働的な授業リフレクション」では以下のようにファシリテーションします。

---

①たくさんある気づきの中から一番の気づきを決めます。

　（一番は自分の価値の優先順位に照らして決めます。）

②一番の気づきはどんな気づきでしたか？

③気づきのきっかけのシーンは？

---

　①②の手順は、コルトハーヘンさんの「ALACT モデル」からの示唆です。最初にこの「ALACT モデル」を使い始めたとき、「本質的な諸相への気づき」という部分が上手く説明できなくて、直接コルトハーヘンさんに質問をしたら「『行為のふりかえり』でたくさん出した気づきの中から自分にとっての一番を決めること」であると教えてもらいました。

　もちろん「本質的な諸相への気づき」は単に一番を決めることではないです。しかし嚙み砕くと、そういうことになると教えてもらいました。この助言によって、わたしはリフレクション支援に開眼しました。

　この「一番の気づき」を選択するということはたくさんある気づきの「構造化」を行うということです。横一線に個別の気づきを列挙するだけではボンヤリと曖昧だった「気づきの（価値的）重さづけ」を行うということです。ファリシテーターとして「一番の気づき」を聴く際も、「構造としての気づき」を意識して聴くことができます。（質的研究に「概念モデル」を作る工程がありますが、それに近い操作です。）

　この「一番の気づき」を選択することを促すと、「一番」に関連する

二番（以降）の気づきが引き出されることもあります。実感をコトバにするのに「一番の気づき」だけでは足りなくて、「一番の気づきが60パーセント、二番の気づきが35パーセント」というような組み合わせとしての「気づき」が現れることもあります。さらに残り数パーセントの「周辺的気づき」があることにうっすらと気づくこともあります。

　つまり「一番の気づき」を決めるリフレクションは「一番の気づき」だけを取り出すリフレクションではなく、実感をコトバとして取り出すときの取り出し方のヒントを与えるということです。ちなみに普段から実感をコトバにして取り出すリフレクションをやっている人の中には、このヒントが逆に邪魔になる人もいます。しかし要は自分にとって最も大事なポイント（本質）にあたる実感をコトバにして取り出すということができればよいということです。当然、他のやり方もあります。

　例えば「一番の気づき」というフックによる取り出し方ではなくて、「違和感」（もやもや）というフックを使って「本質的な諸相」をコトバにすることをやっている人が一定数います。実践的思考としてはそうした「もやもや」よりも「気づき」に焦点を当てるほうが効果的な場合が多いですが、「曖昧さ／もやもや／違和感」などの感情を使いながら、それを少しずつ解きほぐしていく、というリフレクションもあります。

　ちなみに上記「③の手順」は佐藤学『教師というアポリア―反省的実践へ』（世織書房、1998年）所収「教師の実践的思考様式に関する研究」がヒントになっています。この論文で語られていることは二つ。教師の「実践的知識」は研究者の「理論的知識」とは異なること。教師の「実践的知識」は「事例知識」と呼ばれるエピソードをベースにした知識であること。つまり教師の知識は「気づき」の背景にある「気づきのきっかけとなるエピソード（シーン）」と結び付いて始めて意味を持つということです。

③意味対話リフレクション

　「意味対話リフレクション」は「一番の気づき」を探し出すときに必要な価値観（こだわり）それ自体を吟味するリフレクションです。「協働

的な授業リフレクション」をするときには具体的シーンをもとに「そもそも自分はどのような学びの価値に高い優先順位を与えているか」を考えていきます。対話的に深掘りをしていきます。コルトハーヘンさんの「コア・リフレクション」の考え方に似ています（全く同じではないです）。

ファシリテーションでは以下の4つの問いを使います。

①その「気づき」（しかけ）が「好き」（ワクワク）ですか？
②その「気づき」（しかけ）を使ってみたいですか？
③この「気づき」（しかけ）と似た気づきの人はいませんか？
④この「似た気づき」を聴いてどう思いましたか？

自分の中の一番の気づきをとり出す際、実感を自分の中の価値（こだわり）で吟味せずとり出す人がいます。そこで「その気づきを好きですか？」「使ってみたいですか？」と畳みかけるように質問します。

自分の気づきを自分の中の価値で吟味していないと、この質問に少し戸惑うようです。改めて問われることによって自分の中の価値（こだわり）に向かい合うことができます。自分の中の価値を「優先順位（プライオリティ）」でつけることで「構造化」することができます。

ちなみに自分一人で気づきを吟味するだけでなく自分と似た気づきを持った人の話を聴いて、自分の気づきを見つめ直すと、一人でやるより「深掘り」ができるようになります。発見することも多いです。

例えば、同じアイドルが好きな二人がいるとして、そのアイドルのどこが好きなのかを好きな者同士で語り合うことによって、自分がそのアイドルのどの部分に惹かれるかにより深く気づくことができます。つまり自分の中の「価値」（こだわり）ついての深掘りが起こります。

第2章

リフレクションを試みる

伊藤　浩也

池亀　葉子

髙橋　恵大

鈴木　優太

額賀　　大

1 協働的な授業リフレクションでじっくり聴き合う校内研究

◆● 聴き合う検討会との出会い

　皆さんは、研究授業の事後検討会に参加して、自分の授業への見方や考え方が大きく変わった経験はありますか。私は、民間研修で「協働的な授業リフレクション（以下、「協働リフ」）」による事後検討会に参加し、自分自身の授業の見方のクセに気づき、授業への考え方が変化しました。そんな「協働リフ」を一言で表すと、授業の参観者の実感を「聴き合うこと」にとことんこだわった検討会だと思っています。私が経験した「協働リフ」の大まかな流れは以下の通りです。

【協働的な授業リフレクションの流れ】（上條晴夫氏提唱）

①授業を参観しながら「自分の心が動いた気づき」を箇条書きにする。

②授業後にメンバーが輪になって座る。

③「自分の心が動いた気づき」の中で１番のものを選び、伝え合い、聴き合う。（ファシリテーターがリフレクションを促す。）

④自分と似た「気づき」が出たら、似ていると感じるメンバーは積極的に付け足し発言をして、その意味を掘り下げる。

⑤参観者全員が話をしたら、最後に授業者が自分の一番の「気づき」を語る。

【ファシリテーターの役割】

・心理的な安全・安心の場になるように配慮する。笑いなども起きるフラットな雰囲気作りを意識する。

・授業断片をもとに、自らの「こだわり」を語る参観者の語りを、ファシリテーター自身が関心を持って聴く。

・語りは実感を語るので整理されていない言葉になりがちだが、丁

・参加者相互に協働的な磨き合いが起こるように工夫する。（似ていると感じた「気づき」の中にある微妙な違いに焦点を当てて、詳しく聞くなど。）

　私が初めて体験した研修では、20分間の模擬授業を受け、その後70分間「協働リフ」による事後検討会を行いました。参観者12人が輪になって座り、一人ひとりの語りをじっくりと聴き合います。単純計算で一人5分以上、自分の感じたことを聴いてもらえることになります。

　いざ、自分の感じたことをじっくり聴いてもらうとなると、相手に伝わるよう必死に考えて、言葉を紡ぎながら話をします。他の参観者は、否定せず、関心を持って聴き浸ります。所々、ファシリテーターや他の参観者が質問をし、それに答えようとぐるぐると考えながら話をします。その中で「自分はこういう授業がいい授業だと思っているのだ」と、自分が無意識的にこだわっている部分などに気づく瞬間がありました。また、他の参観者の話をじっくり聴くことで、自分の見え方との違いを感じ、新しい見方や考え方に気づかされる場面もありました。

　私は、今までさまざまな形式の事後検討会に参加し、数多くの学びのしかけを発見したこともありました。しかし、自分の授業の見方や考え方自体を見つめ直せたのは、「協働リフ」が初めての経験であり、じっくり聴き合うことの効果の大きさを感じました。例えば、付箋を活用したワークショップ型の検討会では、短い時間の中で数多くの発見を出し合い、整理することはできますが、互いの話をじっくり聴いている時間は意外と短いです。また、検討会の場だけでなく、日々の職場でも、多忙な業務に追われ、自分の思いをじっくりと伝えたり、同僚の思いをじっくりと聴いたりする機会がとても少なかったことにも気づきました。こういった、じっくりと聴き合う体験を、民間研修の場だけでなく、職場で行うことも大切なのではないかと思いました。

◆● 「協働リフ」で、校内でも聴き合いを！

　民間研修で「協働リフ」に出会った2年後、私は校内研究に「協働リフ」を導入しました。導入した理由として、学校の研究主題として掲げた「児童の認め合い」の育成を目指す上で、「協働リフ」の事後検討会が効果的だと考えたからです。認め合いが起きる要因はさまざまで、授業中の些細な声掛け、表情、クラスの雰囲気も大きく影響します。また、同じ声掛けであっても、先生のカラーや普段の関わりによっても異なります。つまり、教育に対する見方や考え方がにじみ出てくる部分であると思います。研究授業の授業者や子どもの様子についてだけ議論するのではなく、参観者である自分自身の心にスポットを当てて、互いの「心が動いた気づき」を聴き合い、自分自身の子どもたちへの関わり方や授業を見つめ直すことで、新たな見方や考え方に気づき、子ども同士の認め合いにつながる授業づくりに発展していくのではないかと考えました。

◆● 事後検討会で丸々60分間聴き合う

　校内研究では、「認め合う姿」を生み出す研究授業を年間7回行い（6学年＋特別支援学級）、毎回の事後検討会で「協働リフ」を行いました。「協働リフ」は冒頭で示したような流れに沿って、参観者の教師が一人ずつ語り、じっくりと聴き合いました。授業者の自評や研究の経過の説明、指導助言などは一切行わず、事後検討の60分間を丸々聴き合う時間に充てました。

◆● 研究授業と検討会の実際

（1）研究授業　特別支援学級　図画工作科「折り染め」（45分）

　研究授業と「協働リフ」の実際の様子を、特別支援学級での授業を例に紹介します。授業内容は、図画工作科の「折り染め」（和紙を折って染め上げ、開くことで規則的な模様が浮かび上がる）の学習でした。授業の展開として、前半は折り染めを制作する活動、後半は互いの作品を見合いながら、1番好きな作品を選ぶという流れでした。学級担任の話では、こ

れまでの授業でも、作品を見合う機会を作ってきたけれど、子どもたち
は「自分の作品が一番だ」と言うことがほとんどだったようです。

　授業が始まりました。子どもたちは、３つのグループに分かれ、個別
の支援を受けながら、制作に打ち込みます。１枚できたら、もう１枚と
繰り返し作品作りに没頭します。子どもの作品ができ上がるたびに、担
任は「すてき〜！」と明るい声でほめます。

　授業後半になりました。完成した全員分の折り染めを床に並べて、子
どもたちが自分の好きな模様を選んで伝え合う活動に移ります。何度も
折り染めに挑戦したため、全部で40枚以上もの作品が床に並べられてい
ました。たくさんの模様を見ながら、
子どもがじっと考えます。しばらくし
て、一つの作品を指差して言いました。

　「これがいい！」

　なんと指差した作品は、自分の作品
ではなく、友達の作品だったのです。

（2）協働的な授業リフレクションによる事後検討会（60分）

　授業が終わり、その日の放課後に会議室で「協働リフ」を行いました。
授業者と、参観者10名が輪になって座り、一人ひとりが「授業の良さ」
と感じたところを話していきます。ファシリテーターが、質問をしなが
ら、より具体的なエピソードを掘り下げていきます。

　私が語る番がやってきました。私は授業を見ながら、10個程「授業の
良さ」だと感じた部分をメモしていましたが、その中でも一番印象的
だったシーンについて話しました。

筆者「私は、担任が子どもを大きな声でほめているシーンが一番の良さ
だと感じました。自分が言われたらすごくうれしいだろうなって思いま
した。そのほめ言葉があふれる雰囲気が、子どもが友達の作品をほめる
姿を生んだんじゃないかなぁ、と。」

　ファシリテーター（Ｆ）が問いかけます。

Ｆ「なるほどぉ、自分の教室でも真似してみたいな、これから大きな声

でほめてみたいなぁ、って思います
か?」

　ファシリテーターに問い掛けられ、
ぐるぐる考え出します。う〜ん、真似
したいのかなぁ。でも自分のキャラ
じゃない気もするなぁ。でも、あのほ
め方はうれしい感じがしたんだよ
なぁ。自分が本当に良いと感じたところはどこかな、聞いている人たち
にこの感情をうまく伝えるにはどう言ったらいいのかなぁ……。

筆者「ええっと、真似したいというより、そのほめ方が、担任の先生の
普段のキャラクターにも合っていて、それが自然と明るいほめ言葉に
なっていたところがいいなって。その『自然さ』がよかったのかも知れ
ません。」

　他の参観者のA先生が付け足し発言をします。

A「わたしも同じところに目が行きました。担任の先生が『すてき〜!』
ってほめているところですよね。授業後半には、子どもたちも、先生と
同じような口調で『すてき〜!』ってほめていたんです。わたしは言葉
が伝染している雰囲気が好きだと感じました。」

筆者「たしかに伝染していました。なんか、その伝染が無理やり言わせ
ているんじゃなくて、そこも『自然』な感じがして、私は『自然』にポ
ジティブな雰囲気が広がっていく瞬間が好きなんだと思います。」

　私はファシリテーターや他の参観者とのやり取りを通して、ほめ言葉
自体が好きなのではなく、その人らしさや『自然さ』を感じる授業が好
きなんだということが客観的に見えてきました。

　自分の番が終わり、B先生が語りだします。

B「私は教材自体が良さだと思いました。折り染めって失敗しにくいか
ら、すごくいいなぁって思いました。みんな次々成功させて、心が満た
されていたから、自分の作品ではなく、友達の作品をほめる行動にでた
んじゃないかな?」

　私はその発言を聴いて、教材自体に目が行っていなかったことにハッ

とさせられました。確かに、そもそも教材という土台が、『自然な』認め合いを生むかも知れない。自分は担任と子どものやり取りばかりを見ようとしていたようだ……。その後、他の参観者の語りにも耳を傾けながら、60分間のリフレクションが終わりました。

◆●│校内研究から日常の聴き合いへ

　私は、前述の「協働リフ」を通して、自分が教師の振る舞いや授業の展開への『自然さ』にこだわっているということが客観的に見えてきました。教師が操作することなく、『自然な流れで認め合っている姿』が理想的だと自分自身が感じていたようです。思い返してみると、どんな授業のときも、「話の流れ的に自然な感じがするか」にこだわっていました。普段の会話などでも、自分は不自然な流れや気まずい雰囲気に人一倍敏感だと気づきました。

　また、Ｂ先生の発言から、「自然な認め合いを生み出すために教材を吟味する」という新しい視点を持ちました。今までは、話のつながりやコミュニケーションの上で自然な流れになるようにしようと試行錯誤していましたが、教材にもこだわるようになりました。これらの学びは、互いの授業の見え方をじっくり聴き合ったからこそ起きたのだと感じます。ふだん職員室で一緒に仕事をしている仲間でも、互いのこだわっている部分についてじっくり聴き合える機会は多くありません。とはいえ、聴き合うための新たな研修を増やしたら、ますます忙しくなってしまいます。すでにある校内研究という場で、一緒に参観した授業について、お互いの考えを否定せずに伝え合い、ファシリテーターの問い掛けによって深掘りし、聴き合う「協働リフ」を行うことで、じっくり聴き合う機会が作れます。「協働リフ」後も、会議室や職員室で教育談義を熱く交わし続けている先生もいました。研究授業や検討会は年に数回ですが、研究授業で生まれたじっくり聴き合う雰囲気が、日々の職員室にも波及していきます。じっくり聴き合い、自分自身を振り返り、次の授業に生かしていくことで、子どもたちへの教育へも還元されていくと思います。

（伊藤浩也）

2 教員研修でリフレクション

◆●　△の世界観から○の世界観へ

　児童英語教育に貢献するためにNPOを設立し、指導者の先生方とさまざまな勉強会を企画・運営する活動を始めて12年になります。中でも教育理論を学んだり、授業研究を行う「児童英語講師　授業研究会」（勉強会）は、学びの場として大切に育んできたものでした。そしてそれは、「△の世界から○の世界へ」というチャレンジの道でもありました。△と○は、私の中でのシンボルです。

　△の世界観とは、「正解は、偉い先生の中にある」という観です。

　○の世界観では、正解は偉い先生の中にはありません。それは、先生と生徒のリアルな営みの中で現れるものだ、という観です。

◆●　△の世界でのもがき

　勉強会の仲間は、大手・中小のこども英会話スクールの講師や個人で英会話スクールを開業しておられる先生方です。残念ながら、児童英語の教育理論を学んだり、授業研究をする機会はなかなかなく、頼りになるものは、教材販売会社の提案する教材ワークショップやカリスマ先生の○○メソッドというような方法論を学ぶためのセミナーなど、というのが現状です。そして、どの教材が上手くいくか、どのカリスマ先生が言っていることが正しいか、という△の世界観の学び方になってしまいがちです。

　「文字が苦手な子が単語を読めるようになるには、どの会社のフォニックスを選べばいいでしょうか。」などの質問が飛んできます。私は、他の有名な先生方のように、「答え」を差し上げないといけない立場でしたが、「私の中には答えはないのに」というもやもやを上手く説明することができずにもがいていました。

「協働的な授業リフレクション」との出会い

　上條晴夫先生に出会うチャンスがあり、「協働的な授業リフレクション」を教えていただく機会に恵まれました。「億の巨匠」のお話[*1]を伺い、これこそが「○の世界」だ、と思い、各勉強会で次々とその方法を実践してみました。

Clubhouse「リフレクション・トーク」の試み

　2021年2月、好奇心から始めてみた音声会話SNS「Clubhouse（クラブハウス）」で、仲間と「協働的な授業リフレクション」をもとに「リフレクション・トーク」を実験してみることにしました。児童英語の先生方の就業時間は夕方から夜であることが多いので、平日のお昼前の時間帯に、時間を決めて毎日1時間やってみることにしました。

　具体的な手順は以下の通りです。

時間帯：平日11：00-12：00（児童英語の先生方の活動しやすい時間帯）

メンバー：コア・チームの7人で協力して運営

進行：筆者がファシリテーターを担当し対話を促す。

手順：①「本日の話題提供者」が、クラスの授業の背景を簡単に説明しつつ、昨日のレッスンの「きらりんモーメント」や「もやもやモーメント」のどちらかを言葉で描写する。

*きらりんモーメント…レッスンの中で起きた自分にとって最も心がポジティブに動いた瞬間

*もやもやモーメント…ネガティブにもやっとした瞬間

②リスナーの先生方が、聴いている間に心に去来したことを順に話す。時には、PCAGIP[*2]を参考にリスナーの先生たちが順に質問をしながら、話題提供者のリフレクションを深めていく。

③最後に話題提供者が気づきをシェアする。

---

*1　本書「あとがき」126〜127頁を参照のこと。

*2　本書「第3章」69頁を参照のこと。

【M先生のきらりんモーメント】

> M先生：話題提供者　L1〜L3先生：リスナーの先生方
> F：ファシリテーター
> T君のプライベートレッスン。中学1年生。勉強が苦手。
> **主な内容**：学校の英語の教科書を中心に単語、本文を学習し、問題
> 集などで力だめししたり、スピーキングの練習をしたりする。

M先生「昨日のレッスンで今週扱うページを間違えたんです。『今日は
ここをするんだっけ？』と聞いたら、T君は『先生、違うよ。ここだよ。』と
言って教えてくれました。そこから彼は、『じゃあ、ここを読むから聞いて
てね。』と言って本文を読み始め、わからない文法箇所の説明をし出して
『これで合ってるかな』と質問をしてきました。私は『そうだね。』『へ〜、
すごくわかりやすい！』と相槌を打ったり、『そこはどうしてそう思った
の？』と質問をしたりしました。彼は、得意げにどんどん説明をし出しま
した。私は、彼が思ったより文法を理解していることや、逆にわかってい
ると思っていたことがわかっていなかったことに気がつくことができま
した。気づいたら、私はほぼ説明や指示をしないまま、60分のレッスンが
終わっていました。先生と生徒の役割が逆転したように私は聞いている
だけで彼がレッスンを引っ張っていく感じでとても感動したんです。」

F「先生が感動した、というのは、T君が先生の指示なしで授業を進め
たことですか？　それとも、他のことでしたか？」

M先生「そうですね。T君は勉強が苦手だったのに、主体的に学習に取
り組んでいる姿がとってもうれしかったんです。やっと勉強に向き合え
るようになったな、と。彼は、学校でもちょっとしんどいみたいですが、
とにかく、今日も英語教室に来てくれたことがうれしくて、今日も来て
くれてありがとう、って言います。主体的に勉強できなくても、ただ、
うちに来て、和んでくれたらいいと思っているんです。」

L3先生「主体的に勉強できなくてもいいと思っているのに、そうなっ
たのですね。なんでだろう。M先生がいつもレッスン中に大事にしてい
ることって何ですか？」

M先生「レッスン中というより、レッスンが始まる前に一番神経を使っています。どの生徒に対してもそうですが、うちの自宅教室のドアを開けて入ってくる前に、まず、玄関のドアを開けないといけないのですが、その開けるときの音、閉める音、歩き方、ドアノブを回す速度なんかを聞くようにしています。そして教室に入ってきたときの表情や仕草、カバンの置き方などを見て、今日のコンディションを推測します。」

　こんなふうに、質問をしたり感想を言い合ったりしながら、「きらりん」が起きたのは、なぜだろう、そして、それを他の教室やクラスでも起こす方法は何か？を皆で掘り下げていきます。わかったことは以下のようなことです。

- 先生は生徒が安心して居られる居場所づくりを第一としている。
- 生徒が来てくれることに心から感謝している。
- 最初の5分に彼らの学習に対するレディネスを作ることが最重要と考えている。
- 先生はうっかりミスをどんどんする。
- 先生は生徒が「タメ語」で話せるようなムードを作っている。
- 生徒の話を生徒が気が済むまでひたすら聴いている。
- 指示はしない、相談や依頼の表現をよく使っている。
- 生徒が話すまで待つので、沈黙の間が結構ある。
- レッスンプランがほぼルーティンになっている。

　M先生は、普段自分が無意識にしていることを改めて確認することができ、また、それらが「きらりんの起きるしくみ」を作っていることに気づきました。そして、その気づきは、他の生徒や他のクラスの「きらりん」にもつながっていきます。この「リフレクション・トーク」を毎日続けた結果、他の先生方の気づきも増えてきました。
- 自分は、子どもっぽい性格で、他の先生たちのように威厳がなくて引け目を感じていたが、リフレクションを続けていると、それは自分の強みなんだということがわかった。私は、子どもと一体化する遊びの

世界で英語を学ぶ場を作りたかったんだとわかって自信が出てきた。強みを生かした遊び心たっぷりの授業を開発したい。

・単語の読みが嫌いだった児童に、イラストを使って指導を始めたら、読みが大好きになった。イラストを使ったことが良かったのだと思っていたが、皆の力を借りてリフレクションを深めると、実はそれは、イラストの力ではなく、発音の仕方を丁寧にしていたことに起因していることがわかった。発音指導と読みの力の関係に気づいた。

・前のクラスで使った板書を書き直すのが面倒で、つい次のクラスでも使って、失敗した。前のクラスの児童たちの気づきがすでに書かれていたからだ。リフレクションをして、「他のクラスの気づき」をもとに授業設計をすることができる、と気づいた。バックワードデザイン（逆向き設計）で授業開発をしてみたい。

◆●｜成長し続ける先生たち

こうして、Clubhouse「リフレクション・トーク」の活動を続けて、2ヵ月半ほどが経ち、だんだんと訪れて下さる方も増えてきました。現時点での総括を語り合ってみたところ以下のような声が聞かれました。

・以前は、よく凹んでいて引きずっていたが、見事に凹まなくなった。失敗もすべて気づきのチャンスだと身をもってたくさん体験した。

・リフレクションをたくさん実践することによって、小さな成功体験が自分の中に積み上がってきた。次の授業が楽しみで仕方なくなってきた。

・毎日のこの時間があるから、自分で授業を振り返る習慣がついた。以前は、Clubhouseの活動中にだけリフレクションをしていたが、今では、レッスンしながら、もう一人の自分がリフレクションをしている。

・活動に参加した日のレッスンは、とても調子が良い。レッスン中に皆の言葉が浮かんできて、自然と考察が始まる。皆と一緒にいるみたいで孤独感を感じない。

・リフレクションを知らなかったときの自分にはもう戻れない。今まで一体何をやってきたんだろうと思う。自分の授業観もすっかり変わった。

・毎日忙しいのに、どうにか時間を工夫してこの場に参加したいと思う

ようになった。ここに来たら必ず何かを学べる。自分がどんどん成長
しているのを実感する。

◆● ｜考察

　こうして「協働的な授業リフレクション」で、「△から○へ」は流れ
ができた。先生方は、カリスマ先生から正解をもらおうという発想では
なく、自分で自分自身の思いや行動を研究しながら、毎日起こる小さな
気づきを楽しんでいます。また、互いに感謝し合い、仲間の学びに貢献
し合おうとしています。それができた理由を考察してみたいと思います。

・「協働的な」というところがとても重要だ。誰かにリフレクショ
ンを聞いてもらって、それを聞いていた人が心に浮かんだことを
外部化し、またそれが誰かの気づきを起こす、という場面は、ま
るで「多様な人たちが大きな一つのエネルギー体を創造してい
る」ような感覚だ。それがとても楽しい。
・授業者の関心のあるところから、掘り下げていくので、自分の強
みや真なる願いに気づきやすい。また、それに気づくことが勇気
づけになる。
・Clubhouse というツールを使うことで、「聞くだけでもリフレク
ションモードになれるから参加したい」「仲間の声を聞くと安心
できたり気持ちが動いたりする」という要素が、継続の実現につ
ながったと思われる。

　最後に、「協働的な授業リフレクション」は、自己を振り返る勇気を
湧きおこす方法だということを挙げておきたいと思います。ポジティブ
な部分に着目しながらリフレクションの方法がわかり、そこで得られた
学びの価値を実感してくると、ネガティブな部分にも着目する勇気が湧
いてきます。失敗や成功、不安や疑問も、すべてを学びに変えることが
できる研究者のような目を手に入れたからだと思います。

（池亀葉子）

3 — 教育サークルで リフレクション

◆● 「氷山モデル」との出会い

　大学生の頃、ゼミの先生から「氷山
モデル」の話を聞きました。

　「氷山モデル」とは、通常「行動と
して見える部分の下に価値観などの
見えない部分が存在し、それら全体が
個人を動かす」という考え方を表した
ものです。F・コルトハーヘンの「氷
山モデル」では、見えない部分に「思
考」「感情」「望み」の３つの層を想定
しています。

坂田哲人ほか『リフレクション入門』学文社、2019年、47頁を参考に作成。

　私はこれまで振り返りを行う際に、
「自分の行い（行動）」のみを思い返していました。しかし、「氷山モデ
ル」を知り、「行動」以外にも振り返る視点があることに驚きました。
「面白そう、やってみたいな。」と思い、自分の好きな「おしゃべり」で
「リフレクション」を行ってみました。

◆● 「氷山モデル」と「おしゃべり」でリフレクション

　私は、好きなおしゃべりをしながら、思考や感情を整理することがあ
ります。ここでの「おしゃべり」とは、話すことだけではなく、「じっ
くり相手の話を聴くこと」も含まれます。

　相手の話をじっくり聴くことで相手の「していること」「考えている
こと」「感じていること」「望んでいること」の「氷山モデル」の４つの
層にも目を向けることができるからです。

　次に、自分の好きな「おしゃべり」を通して「リフレクション」を

行った例を紹介します。

◆• 教育サークルで「おしゃべりリフレクション」

【学生時代】

　大学の学食でサークルの後輩から相談され、「おしゃべり」をしながら「リフレクション」を行いました。白い紙の真ん中に名前を書き、「イメージマップ」を使いました。これまでの出来事や人間関係なども含め、その人の「歩み」を掘り下げました。

　「兄弟はいる？」「兄弟との思い出は？」「アルバイトは何してる？」「なんでそのアルバイトを選んだの？」「高校の頃の思い出は？」「どうしてボランティアをしているの？」などです。

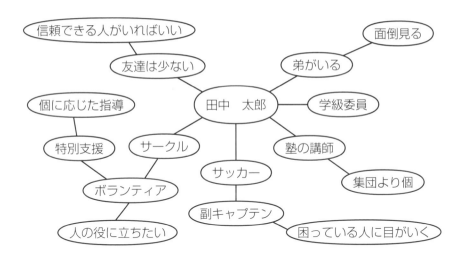

　その人が大事にしていることや無意識に「行ってきたこと」「思っていたこと」「感じてきたこと」「望んでいること」を掘り下げます。掘り下げた後に、その人から連想できることを挙げていきます。

　例えば、

・人の面倒を見たり、困っている人を助けたりしたいという思いがあること

・大人数よりも少人数との関わりを求めてきたこと
・リーダーシップを発揮するよりも影でサポートするほうが向いていること

　などです。「イメージマップ」を使ったことで、「Doing」〜「Wanting」までの４つの層を関連づけて聞くことができました。そして、その人の「やりたいこと」や「向いていること」が見えてきました。

【教員になってから】

　教育サークルを作り、２週に一度、20時から２時間くらい教員仲間と教育の話をしています。当初はファミレス（東北地方にある「まるまつ」）で行っていましたが、コロナ禍によりZoomを使って行うようになりました。

　対面して話せることに大きな価値を感じています。テーマは、基本的に「１人１ネタ」を持ち寄ります。悩みを聞く会や研究授業などの現場でホットな話題を取り扱うときもあります。

　ただダラダラとおしゃべりするわけではなく、「リフレクション」が起こるために意識していることがあります。それは、「質問し合う」ことです。質問することで、その人の好きや興味や実践の背景が浮かび上がるためです。質問をするためには相手のことを想像しなくてはいけません。想像するときに必要だったのが「氷山モデル」の観点です。「Doing」「Thinking」「Feeling」「Wanting」を意識して話すことで、ただ話すよりも、深い話を聞くことができるようになりました。

【テーマ：おすすめしたい本１冊】（S：参加者）

　参加者が順々に、持ち寄った１冊を発表します。教育書の紹介が多い中、メンバーのUさんは教育書ではない「芸術」の本を持ってきました。Uさんは、以前から絵の腕前が評判で、SNSにも牛のイラストを投稿されていて、プロ並みの出来栄えでした。

S「Uさんは学生の頃から絵が上手だったんですか？」

U「高校３年生まで写実系の絵を描いていて、美大に行こうと思ってた

んです。」

　付き合いが長いにも関わらず、知らなかった過去の出来事が出てきたことに一同が驚きました。Uさんは以前、このサークルでボードゲームを紹介したことがありました。私自身もボードゲームに興味があったので、かっこいいイラストがたくさんあるボードゲームとつながりがあるのかなと思い、さらに質問をしました。

S「もしかして、ボードゲームは絵を描くことと何か関係していますか？」

U「確かにボードゲームに出てくるイラストが好みなんです。」

　一つのつながりを見つけ、他のつながりを探しました。Uさんが以前１ネタとして持ってきた「言葉あそび系」のボードゲームと「子ども哲学」の話を思い出し、結び付けてさらに聞いてみました。

S「以前子ども哲学の話をしていましたが、Uさんが持ってきた言葉あそび系のボードゲームと哲学の話は関係ありますか？」

U「あると思う。」

S「哲学にはいつから興味があったのですか？」

U「小さい頃から、疑問を持つことが多かったですね。」

　確かにUさんの説明はいつもとてもわかりやすく、言葉選びが秀逸で他の参加者も一目置いていたほどです。少人数で回数を重ねてきたことでUさんの好きなことやこだわりが見え、深層に迫ることができました。

◆●│「おしゃべりリフレクション」で意識していること

　話のオープニングからクローズにかけて①〜④を意識します。

①自己開示をする
②リアクション・がや養成
③好きとかこだわりが聞けるように質問をする
④過去と今で共通していることを見つける

　一度にすべてを意識しようとせず、段階的に着目します。次に①〜④

について詳しく紹介します。

①自己開示をする

　相手との距離を縮めるために「アイスブレイク（自己開示）」をします。まずは、自分のことをある程度まで相手に知らせることが重要です。自分のことを秘密にして、相手に語らせることは難しいからです（今村光章『アイスブレイク　出会いの仕掛け人になる』晶文社、2014年、34、37頁参照）。

②リアクション・がや養成

　その場の雰囲気（空気）を和やかにするためです。リアクション・がや養成は「相手の反応」によって臨機応変に変えることがポイントです。「リアクション」は、笑いと相槌を丁度いい「間」で入れます。「がや」を入れることで、ほんの少しの時間だけ考える「間」を与えたり、固い空間をやわらげたりする効果があります。がや要員がいないときは一人で二役することもあります。

③好きとかこだわりが聞けるように質問をする

　相手の「好き」や「こだわり」を聞くために「どうして？」や「なぜ？」を5回くらい続けて聞きます。1回や2回だと「好き」や「こだわり」まで辿り着かないことが多いからです。しつこすぎないくらいに「へ〜！」とか「ほ〜！」とか相槌を打ちながら自然な流れを作り、繰り返し聞きます。

④過去と今で共通していることを見つける

　共通している話は、その人の深層を掘り下げるチャンスです。「その話、前もしていましたよね？」と言えたらヒットです。つまり、前にも似たような話をしていて、その話題と関連するような新しい話が出てきたときに、聞き手が気づくことが必要です。話し手は、意外と前にも同じような話をしていたことに気づかないことがあるからです。

①‥④を行っている際に、共通して行うことがあります。それは「相手の仕草に注目しながら聞く」ことです。相手の仕草（ノンバーバル）とは、例えば、

　　1．「目の動き」（目線が上がったか、目が大きく開いたか）

　　2．「体の動き」（前のめりになったか、うれしくて飛び跳ねたか）

　　3．「声のトーンや間」（声色が変わったか、話す間が変わったか）

　などです。

　これらを観察しながら、話を聞くことで今の相手の状態（気持ちや感情も含む）を予想することができます。相手の状態に合わせて①～④を使い分けることができます。

　私は、Ｆ・コルトハーヘンの「氷山モデル」を意識しながら、「おしゃべりリフレクション」を続けたことで、子どもとの関わりにおいても、良いパフォーマンスを発揮できるようになりました。「行動」だけではなく、その下に潜む「思考」「感情」「望み」にも目を向けられるようになったからです。そして、相手の「好き」や「こだわり」、「前から大切にしていること」等に気づき、その子に合ったその子とだけの特別なやり取りをすることができています。

　現在は、「Clubhouse」を使い、ほぼ毎日「おしゃべり」でリフレクションをしています。人の話をじっくり聞くことで、自分の内面をも見つめ直し、普段の自分の実践を「リフレクション」する機会を得ています。「氷山モデル」の考え方を知ったことで、振り返ることが楽しくなりました。また、自分にはない考え方に触れ、自分自身の視野が広がる実感があります。私はこれからも「氷山モデル」の４つの層を意識しながら、おしゃべりでリフレクションをしていきたいです。

（髙橋恵大）

4 — 教育イベントで リフレクション

◆• 「セルフ2」で自撮り鑑賞

　私には、人知れず続けてきた習慣があります。自分が実践発表している動画を眺めることです。私が、スマホの自撮りボタンを押してからプレゼンを始める姿を目にしたことのある学習会参加者もいるかもしれません。この動画を、例えば帰りの電車に揺られながら、布団の中で横になりながら、イヤホンを付けて流します。ぼーっと眺めることで、発表者ではなく、いち参加者の視点で先ほどまでの自身の提案や学びの場を見渡せる感覚があり、続けてきました。

　2018年11月11日「リフレクション lab」[*1]で主宰したリフレクション祭りにて、高尾隆先生（東京学芸大学）がインプロ（即興演劇）で行われるリフレクションの一例を教えてくれました。セルフ1（意識的で命令する自分）とセルフ2（無意識的で実行する自分）という二つの自分が自分自身の中に存在するという概念に基づくリフレクションです。W.T. ガルウェイ著『インナーゲーム』に示された考え方です。

> 　自分自身に話しかけ、叱責し、支配している声の主を、私は「セルフ1」と名づけることにした。自分自身（MYSELF）のセルフだ。そして、その命令によってボールを打つ存在を、「セルフ2」と命名した。
>
> 　出典：W.T. ガルウェイ『インナーゲーム』日刊スポーツ出版社、1976年。

　インプロでは、撮影した演劇の様子を演者自身が見て舞台を作り直すことをよく行います。セルフ2は経験や知覚を通して行動をどんどん改

---

*1　上條晴夫氏が理事長を務める「リフレクションの文化（考えと技法）」を学び合い、その学びを発信することを目標にした教育研究グループ。

善していく優れた学習能力を持っているので、動画を見るだけで、次に行うときには劇的に改善するといいます。ところが、誰かに説明したり書いたりしてしまうと、セルフ1が活性化してしまってありのままに見なくなってしまいます。だから、ただ眺めることに徹する、というのです。

　リフレクション祭りの翌週11月19日に放送されたNHK『プロフェッショナル仕事の流儀』は、人気プロレスラー内藤哲也選手に密着したドキュメンタリーでした。試合後の内藤選手が、ランニングマシンをしながら先ほどまでの自身の試合の映像を眺めているではありませんか。

> **内藤**「昔のファン時代の気持ちに戻ってその試合を見てみる。レスラーじゃなく、いちファンとしてその試合を見たときに何を感じるか。今の姿をかつての内藤少年に見せたら、何を求めるかな。」
>
> 出典：『プロフェッショナル仕事の流儀プロレスラー内藤哲也の仕事～少年の夢、リングの上へ～』（NHK DVD）

　私にとっては運命（デスティーノ：内藤選手の必殺技）を感じるワンシーンでした。私がぼんやり続けてきた習慣と、一流プロレスラーやインプロヴァイザーの習慣が、「セルフ2」という考え方で結び付いた瞬間だったからです。

◆●■ 「無心」で振り返り写経

　私が主宰する民間教育サークル縁太会（えんたかい）は、著名な講師を

招いてのインプット型の学びだけでなく、自分たちが実践発表したり、問いをぶつけ合ったりするアウトプット型の学びを大切にしてきました。主体的に参画する学びの場づくりへの挑戦は53回（2013.9.28〜2021.5.15）を数えます。

　このすべての学習会の最中に、振り返りを書く時間を設けてきました。感想用紙やコメントカードや付箋紙……さまざまな形式を用いてきましたが、書くという営みを欠かしたことがありません。そして、この振り返りを翌日までにPCで打ち直し、WEBでシェア（名前と公開してほしくない方のものは除いて）することを続けてきたのです。

　「多様な振り返りの視点に触れながら、自らの学びのポイントを反芻（はんすう）できる。」

　と、参加者から多くの声が寄せられ、学習会をこの公開型の振り返りとセットで続けてきました。仲間との成長の軌跡はすべてデータ化し、アーカイブしてあります。

```
*******************************************************
このメールは、「縁太会」関連の講座にお申込み
いただいたことのある方へ送信させていただいております。
*******************************************************
第４５回縁太会『新春恒例！実践持ち寄り学習会2019』感想まとめ

★　雰囲気が温かいから色々な考えや発表を共有できてよかったです。発表もFGもすごくてもっと学びたいなと思いました。１０分間がものすごく短く感じました。FGのおかげで分かり易く学びを振り返られました。まとめ方がすごいです。リフレクションの仕方も注目でした。子ども大人も振り返りがあることで、自分の新たな学びになったり、考えが深められたりして、その時間を価値あるものにできると思います。その時間を価値あるものにでき、成長していく自分でありたいと思いました。

★　先生方と話し合う中で、直接その思いにふれることができたと感じた。実践発表はもちろんだが、その後の振り返りの大切さを痛感した。発表はどれも素晴らしく、大変勉強になった。特に校務分掌の引継に関しては、今年引継が上手くできていないためのトラブルが多かったため参考にしたいと思った。また、現代の子どもたちは感情理解が苦手なので、感情理解についても学んでいきたいと改めて感じた。参加させていただいてよかったです。ありがとうございました。

★　「縁太会に行って発表したいけど仕事がなあ」「ICTの発表したいけど、英語の研究したしなあ」常に「セルフ1」と戦っている自分がいます。今年１年の自分は「セルフ2」を信じることで、それを明確にできた会でした。そして、実践発表をすると、やはり自分が大切にしていることが整理されます。また、機会があれば嬉しいです。ありがとうございました。
```

　参加者が100名を超える大きな学習会の際には、100名分の振り返りを打ち直したこともあります。その労力の大きさは想像の通り（笑）ですが、振り返りを打ち直すときの感覚と、動画をぼーっと眺める感覚が似ているなぁ、と私はふと気づきます。リフレクション祭りから２ヵ月後の2019年1月12日第45

動画をぼーっと眺める感覚と似ているなぁ

回縁太会の終了後のことです。「セルフ2」の概念と出会い、学習会に登壇する機会が隔週で5回連続したタイミングでした。地元仙台、千葉、埼玉と、自撮りした実践発表を帰路に眺めるルーティンの中で、無意識を意識するようになっていました。「無心」と表現したほうがわかりやすいかもしれません。意識してしまうと無意識ではなくなってしまうためです。

　そんな折、振り返りが記された用紙1枚1枚に触れ、PCのキーボードを打つ小気味よいリズムを耳で聞きながら手を動かし続けると、ぼーっと眺める「例の状態」に没入していることを自覚しました。いち参加者の視点で先ほどまでの自身の提案や学びの場を見渡せるようなあの「無心」の状態です。写経（経典を書き写すこと）する僧侶のような心境とも近しいものがあるのかもしれません。

　この日、特に印象的だった実践発表後にファシリテーショングラフィック（壁に貼った模造紙に、話し合いの内容を記号や図を使ってわかりやすく描いたもの）を囲んで2～4人で話し合うシーンが浮かびました。活気に満ちた時間にはなったのですが、話し込んでしまってメンバーの移動が行われません。「自由にメンバーを変えながら多様な考えに触れる」という想定していた目的を達成する点においては、設定した時間と場（長机や椅子があるため動き回るのには適さない）が不十分と私は感じたのです。活動を遮る形にはなってしまいましたが、とっさに、自由交流ではなく、時間で区切るペア交流にすることを参加者に提案し、プログラムを変更する決断をしたのです。判断基準となったのは「何かいい。」、「何かいや。」という感覚です。決めていたプログラムに縛られることなく、その場に湧き起こった感覚を優先できたのです。

　振り返り用紙を打ち込みながら、「それは本当に良かったことなのか？」と、少し離れて見渡します。ピンボケしていた被写体へのピントが少しずつ合っていくような感覚で、「良かった。」、「良くなかった。」という手応えが鮮明になっていきます。こうした営みを続けながら、実践発表やワークショップ、授業の最中のとっさの判断に自信を付けてきました。「良かった。」と思える確率の高い選択ができる心のアンテナの

感度を磨いてきたのです。

◆•| 言葉「だけ」に頼らない

　100を超える教育イベントを通して私が繰り返してきた習慣が、「自撮り鑑賞」と「振り返り写経」でした。この習慣を続けていく中で、ちょっとした変化を感じ取れて、心を優先した良い判断ができるようになった実感があります。技術として言語化することが難しい空気やニーズを「読む」ことや「間（ま）」を取ることの上達です。心に振り回されるのではなく、心を味方に付けて、あえて心に委ねてみるという「無心」の感覚です。ぼーっと眺めるトレーニングを重ねることで、意図的に磨いていけるものなのではないかとも考えるようになりました。

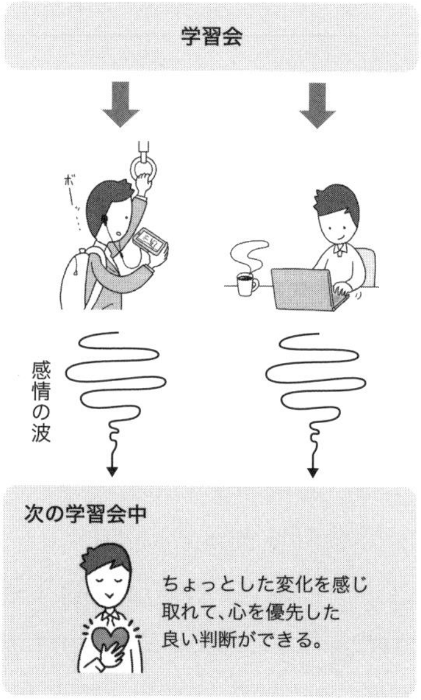

　教師による教育イベントでは、話したり書いたり言葉を使って考えたりする活動がほとんどです。本書が提案する通り、言葉を操って振り返ることは欠かすことのできない尊い営みと考え、私も仲間たちとさまざまなリフレクションに挑戦しています。「氷山モデルを意識して……」、「8つの問いを意識して……」と意識することによって意識が変わってきました。

　しかし、意識し「過ぎ」てしまうことには注意も必要だという点を本論考では提案したいのです！

　「今、セルフ1が活性化しているぞ。」と認識できると、言葉だけでは言い表せない身体の動きや感情へのアンテナの感度が高まります。

　『インナーゲーム』は、テニスの指導書にもかかわらず、高尾隆先生の師、キース・ジョンストン（インプロ創始者の一人）は、「この本が一番いい即興演劇の指導書だ。」と述べます。異世界のリフレクションの一

（図中テキスト）

学習会

ボー…

感情の波

次の学習会中

ちょっとした変化を感じ取れて、心を優先した良い判断ができる。

端に触れて、「頭でっかちになってはいけない。」というメッセージを私は受け取りました。説明できない「楽しい」も世の中にはたくさんあるからです。「何かいい」というあの感じです。自分の中の「セルフ2」を私たちはもっと大切にすべきです。楽しいから「また」やりたくなる、「次」への原動力はとてもシンプルなものではないでしょうか。

「多様な考えに触れるねらいを共有してから、広い部屋で時間をたっぷりと取った自由交流をやってみたい。」と、次に挑戦したいアイデアが私の内側からむくむくと湧き起こってきました。

セルフ1がセルフ2に命令して動かそうとすると、セルフ1の判断は間違っているし、セルフ2の自然な自習機能も妨害するしで、どんどん下手になります。もしセルフ1がセルフ2を信頼してゆだねて任せ、セルフ2にたくさんの経験を積ませ、たくさんのイメージを知覚させると、どんどん上手になります。

出典：高尾隆「インプロではどのようなリフレクションをしているのか？」
『授業づくりネットワーク No.31リフレクション大全』学事出版、98頁。

日進月歩のビデオ会議ツールを活用し、オンラインで情報交換することも簡単にできるようになりました。参加者の合意さえあれば、録画も再生もボタン一つでできます。自分の姿を映像で見るといやな気持ちになる感情ももちろん否定はできないものです。しかしこれは、セルフ1による「自意識」がもたらす反応です。セルフ1のせいにしてしまえば良いのです！ありのままの自身の姿をただただ眺められると、その先に、自分も知らなかった可能性の扉が開かれるはずです。

オンラインがあるから「オフライン」という言葉が生まれたように、「氷山モデル」や「8つの問い」を意識できる自分がいて、「無意識」に眺めるもう一人の自身の存在が際立ちます。学び続け、実践し続け、そしてときに、立ち止まってぼーっと眺めることも大切にしていきたいです。

（鈴木優太）

リフレクション日記で個人研究

◆● リフレクション日記ができるまで

　リフレクションに出会ったのは、約10年前。大学の上條晴夫先生のゼミで一緒に研究していた仲間がリフレクションをテーマに模擬授業をしたのが最初です。模擬授業の最後にハート型の付箋に感想を書いて教室中に貼ってシェアしました。それまで、振り返りは学びを自分の頭にインプットする時間と考えていたので、振り返りを友達と交流する発想に「振り返りの可能性」を感じ、リフレクションは面白い！とわくわくしたものです。

◆● リフレクションは振り返り？

　小学校勤務１年目からリフレクションについて、いろいろ考えてきました。しかし、学びの終わりに振り返りを書く、何年も前から行われてきたこのような振り返りとリフレクションは同じと捉えていたので、リフレクションって何？と聞かれても説明ができませんでした。それがきっかけで、まずは自分でリフレクション日記をつくることから始めました。（また、ずっと頭と心に記憶しておきたいと思ったからでもあります。）

　それから６年後、上條先生から「リフレクションLab」立ち上げの話を聞き、オリジナルのリフレクション日記を提案しました。ここでは、リフレクション日記のシステムができた経緯と背景を紹介します。現状に不満や悩みがある先生（もちろんそれ以外の方も）このリフレクション日記の取り組みが参考になれば有り難いです。

◆● リフレクションのアイディア

　私はこれまで日記を長く書き続けられたことがありませんでした。よし、書こう。と「LOFT」（生活雑貨店）の日記帳コーナーに行き、お気

に入りの日記帳を見つけてもほとんど空白のページで終わっていました。「10年日記」や「ほぼ日手帳」などお店にはたくさんの日記帳がありますが、どれも自分には合いません。「日記を書く」作業が苦手なのです。でも、哲学や自己啓発が好きな私は、自己成長を続けていきたい。「今」の時間を大切にしていきたい。同じ失敗はしたくない。そう思う気持ちがあり、楽に楽しく日記を書く方法を考え、リフレクション日記を自分なりにカスタマイズしていきました。

ver1　できごと中心のリフレクション日記

リフレクション日記に最初は6行書きました。

①心がけたこと（今日を一言で表すと）

②できごと中心に4行

③成果と課題

この日記では、書く項目が多かったので空白が目立つようになり、成果と課題を考えるのに時間がかかってしまいました。後半は、プランとリフレクション、天気を追加し、5行で書く日記に改良しました。

【リフレクションの結果】

1日を思い出して書く作業が大変でした。この作業が得意な方もいれば不得意な方もいると思います。私の場合は書くことに30分以上かかった日もあったので、大きな負担となってしまいました。書くことは良いことだと思います。しかし、日記を後で見返したとき、何が自己成長に結び付くのかパッと見てわからず、単に思い出日記のようになり、書く

のが辛い感情ばかり思い出されて、いやな気持ちになってしまいました。後で見返すことを私は、リフレクションのリフレクションをすること、略して「リフリフ」と呼んでいます。

ver2 プランとアイコンリフレクション日記

翌年、5行も書くのは長いと感じていたので2行にしました。P（プラン）には今日1日の目標を書きました。

アイコンリフレクションとは、今の気持ちに絵文字を使って表すことです。振り返りをアイコンと文で書くようにしました。書いた文には蛍光ペンで赤＝ネガティブ

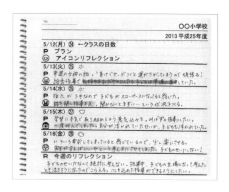

思考、青＝ポジティブ思考にマークしました。他にも、クラスの経過日数の記録や1週間のリフリフが書けるように改良しました。

【リフレクションの結果】

2行なら楽に書くことができました。アイコンを描く作業は楽しく、素直に感情を表すことができ、リフリフのときに感情を把握できるようになりました。アイコンリフレクションは近年 App Store や Google Play Store で「感情日記」などの名前でよく見られます。感情日記は「エクスプレッシブ・ライティング」などと呼ばれ、心理学的にストレスを和らげる方法として、メンタリストの DaiGo さんも推奨しているようです。なお、リフレクション日記をルーズリーフにすると1日単位、1週間単位の他にルーズリーフをまとめて1年単位でのリフリフができます。

◆●リフレクション日記のカスタマイズ

リフレクション日記をカスタマイズするときに考えていたことがあります。それは、リフリフは次につながるのかということです。リフレクションを分析して次につなげたいという思いはありましたが、最初

（2012年）のリフレクション日記はとにかくやっただけなので、次につなげることを目標に翌年のリフレクション日記をカスタマイズしました。

ver3 アイコンリフレクション中心の日記

プランよりもリフレクションが中心になる日記にしました。リフレクションには、全体の状況と反省（心の状況）と達成状況に分けて書くようにしました。リフレクションを詳しく分析したかったからです。1週間後に行うリフリフも意識して書くことにしました。

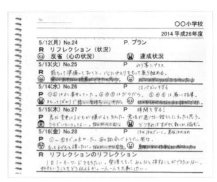

【リフレクションの結果】

リフレクションを心の状況と達成状況に分けることで、それぞれの状況の感情が同じ場合と違う場合があることを発見しました。

ver4 記憶と感情のリフレクション日記

アイコンリフレクションをしながら、頭の状況＝記憶のメモと心の状況＝感情のメモを中心としたリフレクションにしました。プランは評価になってしまうので書きません。☆は感情を入れずに記憶をできるかぎり思い出して書きます。Rはできるかぎり素直になって今の感情のみを書いていきます。

【リフレクションの結果】

ほぼ、自分に合ったリフレクション日記ができました。ポイントは続けられること、記憶と感情を記録していくことです。リフリフでは、記憶と感情を客観的に見て、思考を線で結ぶなどして、分析していくこと

で次の課題を見つけられるようになりました。

◆● MIND リフレクションと HEART リフレクションに

　私がリフレクションで大切にしているのは、感情だということがわかりました。昨日何をした？は思い出せますが、心がどう動いた？はなかなか思い出せないからです。感情に焦点を当てることで、客観的に自分を分析でき、次の授業や学級経営につなげられるようになりました。

　リフレクションのポイントは二つあります。

```
１．MIND リフレクション……理性に基づく記憶や判断のメモ
２．HEART リフレクション……感情に基づく感動や気分のメモ
```

　２行書くだけです。今のワクワクした感じは何なのか、不安にさせている原因は何なのか。このHEART リフレクションは１日だけで解決できることは少ないですが、リフリフをするとピンとくることがあります。このHEARTリフレクションを続けていくと１日単位、１週間単位、１年単位で

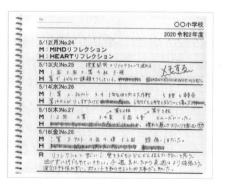

自分の心の変容が見えてきます。自分の感情をリフレクションすると、以下のような良いことがありました。

効果① 感情でクラスの雰囲気がわかる

　ネガティブな感情が続くとクラスに問題が生じやすくなり、ポジティブな感情が続くとクラスの雰囲気が良くなっていきました。リフレクションをすることで、よりよい学級経営ができるようになりました。

効果② 客観的な視点で自分がわかる

　自分を深く知ることができ、自分を第２の視点（客観的に自分を見る、もう一人の自分）で見ることができるようになりました。なぜわくわくし

たのか、悲しいのか素直に考えられるようになりました。

 リフレクションの可能性

　MIND と HEART リフレクションどちらも大切だと思っています。結果だけではなく原因の部分を考えることが必要だからです。感情のみの日記ですと、原因がわからずもやもやしてきます。自分のことを客観的に見て深くリフリフすることに意味があります。そして、このリフレクションは手書きがおすすめです。字にも感情が出ます。自分のフォントはいつも一定ではないので、気持ちによって多少変化します。こんな気持ちで書いたんだったなと、手に感覚も残るからです。

　私は、リフレクションと聞いて最初は難しい印象を持ちました。リフレクションとは何か──。正解を求めてしまいがちです。しかし、リフレクションはこうすれば正解というのはありません。想像や感情、ふと蘇る記憶そのものがリフレクションだと考えています。いつリフレクションが起こるのか探してみてください。私の場合は、

　　・ふとした瞬間ぼーっとしたとき
　　・何かを書いているとき

リフレクションが起こります。リフレクションはいかに客観的に自分を観察するかが鍵になってくると思います。普段考えない領域に焦点を当てることで自分の頭の中が見えてくる感じで、例えると幽体離脱しているような感じです（笑）。俯瞰や心理学のメタ認知、インナーチャイルドに少し似ています。こうして、振り返りを友達と交流する発想がきっかけで、自分と客観的に見る自分とで交流する、リフレクション日記ができあがりました。これからもリフレクション日記をカスタマイズしてアップデートし続けていく予定です。皆さんも自分に合ったリフレクションを見つけてみてください。私は、2021年5月現在、個人リフレクションの研究をもとに授業で子どもたちに MIND リフレクションとHEART リフレクションを実践しています。子どもたちの自己成長にもつながるといいなぁと思っています。

（額賀　大）

第**3**章

リフレクションで学ぶ

上條 晴夫

1

リフレクションで学ぶ
実践共同体の誕生

●「オンライン授業をオンラインで学ぶ会」・・・・・・・・・

　2020年、新型コロナウィルスによるパンデミックが発生しました。安倍晋三首相が全国すべての小・中学校、高等学校、特別支援学校に臨時休校要請の考えを公表します。一斉休校の期間は3月2日から最長で約3ヵ月です。休校開始の頃は、大学はすでに終わっていましたが、新年度の授業が気がかりでした。

　2月から3月、自宅のパソコン前で、コロナ禍における授業づくりをずっと考え続けました。大学はギクシャクしながらもオンライン授業に移行できそうでした。しかし、小・中学校の現場はインフラが整わない、情報端末が揃わないなどと、その動きをストップさせていました。

　ところが、ネット記事や海外在住日本人YouTuberの情報にアクセスすると、日本以外の先進国では普通にオンライン授業をスタートさせていました。アジアでも中国や韓国がすごい勢いでオンライン授業を開始させています。一人日本だけが動けていない現状に忸怩たるものを感じました。

　わたしは、2000年の沖縄サミットのプレイベント「アイランド・クエスト in 沖縄＆屋久島」という大がかりなICT教育プロジェクトに実行委員として参加しました。それをきっかけに韓国やアメリカのICT教育が日本の5年先、10年先を行っていることを知りました。ICT教育について、小さな書籍プロジェクトも行いましたが、それっきりでした。

　ICT教育特区的動きをする熊本市、附属小中学校、日本人学校などをオンライン取材しながら「できる人ができることから！」を合い言葉に授業づくりに熱心な仲間の先生たちと「**オンライン授業をオンラインで学ぶ会**（以下、「オンオン会」）」という100名ほどの教育実践研究のグループを立ち上げました。

立ち上げは４月上旬、以下３点を目的として掲げました。

１．オンライン授業の意味を協働的に探求する
２．オンライン授業のしかけを発掘・開発する
３．オンライン授業をリフレクションで広げる

従来型の専門家先導による組織づくりではダメだと考えました。一人一人の教師が「デジタル教育についてド真剣に向き合っていく」ようにするにはリフレクションを核にしていく必要性があると感じました。

●● リフレクションの場づくり：実践コミュニティ……

新しい組織づくりをするのに着目したのがウェンガーらの実践的コミュニティの考え[*1]でした。一橋大学名誉教授の野中郁次郎さんが「**暗黙知が移転されるにはコミュニティの実践が不可欠である**」と呼ぶそれです。わたしはトニー・ベイツ著『デジタル時代の教育』（クリエイティブコモンズ）[*2]で「実践コミュニティ育成７原則」を見つけました。この本には以下の言葉で原則が示されていました。

（１）発展をねらった設計
（２）内から外、外から内の両方を見据えた話し合い
（３）異なるレベルの参加を奨励する
（４）コミュニティに公的な空間と私的な空間の両方を作成する
（５）価値に重点を置く
（６）親しみやすさとワクワクとを結合させる
（７）コミュニティのリズムを生み出す

この７つの原則の中で最も重視したのが「発展を狙った設計」という原則です。別の言い方をすれば、参加者の共通関心からぶれないようにしつつも、積極的に変化することを許容し促すという考えです。

＊１　エティエンヌ・ウェンガーほか『コミュニティ・オブ・プラクティス ナレッジ社会の新たな知識形態の実践』翔泳社、2002年。
＊２　OpenTextbook の形をとっており、以下よりダウンロード可。https://pressbooks.bccampus.ca/teachinginadigitalagejpn/

そのために考えたのが「周縁組織」というアイデアです。

研究会のスタート段階では「オンライン授業入門講座」のような参加者の誰もが関心を持つような公開勉強会を企画・運営しました。「オンライン研修」の経験を持つ企業研修のプロの方に教師役になってもらい、学び合うという勉強会づくりをしました。しかしその「教師－学習者」モデルに基づく勉強会はスタート時行っただけで、すぐに関心別のグループを作って「周縁組織」ごとの活動をするように促しました。

この周縁組織には複数所属をしてよく、その周縁組織ごとに少しずつ異なる「協働的なリフレクション」のしかけを埋め込みました。このようなデザインをすることによって参加者個々の関心（強み）に沿ったリフレクティブな学びが可能になります。自分の関心や強みに基づくグループづくりなので誰でも教師・学習者・参観者になることができます。

もう一つ「価値に重点をおく」ことを重視しました。この会には以下に説明するような教師以外の多様な参加者がいました。学校教師という同じ属性の人だけで話をするだけではなく、多様な人がそれぞれの感覚や価値で対話できるようにしました。その際、「学びの意味」の探究がつねに意識されるリフレクションによる学びの場を工夫しました。

● 「エッセンシャル・マネジメント・スクール」の学び

「オンオン会」発足の直前まで、わたしは西條剛央さんが創設したばかりの「エッセンシャル・マネジメント・スクール」の0期生・3期生として新しい教育組織を注意深く観察させてもらいました。またそのスクールで知り合った田原真人さんの企画した「自己組織化ラーニングファシリテーター基礎講座」にも参加することができました。これら二つの教育組織の体験は「オンオン会」をつくる際に少なくない影響を与えただろうと思います。

ちなみに影響はそこで観察したアイデアだけではありません。一緒に学んだSE（システムエンジニア）やファシリテーター、プロのコーチ、コンサルタントなど、学校教育以外の場で大人の学びを支援している方々を研究会メンバーとして声かけしました。初期メンバー100名ほどの中に15名くらい

は大人の学びに専門性を持つ方々に参加してもらうことができました。

例えば「哲学カフェ」や「『オープン・スペース・テクノロジー』によるグループづくり」などを行いました。それを起点に「模擬授業を楽しむ会」「特別支援×オンライン」「日本人学校×オンライン」「附属教師×オンライン」などの学校教員中心の活動グループづくりのほかに、「英会話」「絵本部」「グラフィックレコーディングの会」などさまざまな「部活動」「サークル活動」が動き出すように後押しをしました。

こうした「共通関心からはブレないもののつねに変化をする」「さまざまな職種の人たちに参加してもらえる」場を創ることで「リフレクションで学ぶ」学びが会の中に少しずつ定着していきました。本会では誰かエライ人を決めて、その人の考えやスキルをみんなでシェアするのとは違う「リフレクティブな学び」文化を実現することができました。

「リフレクションを学ぶ」と「リフレクションで学ぶ」

この「オンオン会」という新コンセプトに到達する前の組織はどうしても「リフレクションを学ぶ」ということが前面に出ていました。リフレクションを推奨する先導役のわたしがつねに提案に回るということになっていました。個人のリフレクション実践を個人ごとにグループのホームページに書くという工夫（「リフレクション lab」）も実践していましたが、なかなか自己組織化は難しかったです。根っこにはリフレクションの考え方やスキルも従来学習のように誰かから学ぶという前提から脱出できず、答え合わせをしていたからだと思います。

ところが実践コミュニティを指針とした「新しい組織づくり」の中に**「リフレクションで学ぶ」という考え方**を埋め込み、それぞれのグループが活動する際に、そのグループの内容にもっともフィットするような「リフレクションによる学び」スタイルを発掘・開発し、それを試してもらうようにすることを続けているうち、少しずつ「リフレクションの考え方とスキル」が会員メンバー中心に広がっていくようになりました。つまり、暗黙知の要素の大きいリフレクション文化がコミュニティ実践を通して「転移（根付くこと）」する現象が起こったということです。

2 実践コミュニティの中の リフレクション

●● BOS 活用型リフレクション ・・・・・・・・・・・・・・・・・

「オンオン会」にはさまざまな部活動が誕生していきました。その部活動の特長にあったリフレクションを工夫するようにしました。「協働的な授業リフレクション」一つだったリフレクションに工夫（開発・発掘）をするようになりました。

会の中で一番はじめに開発したのが「模擬授業を楽しむ会」で行うようになった「BOS 活用型リフレクション」です。オンラインによる少人数のブレイクアウトセッション（BOS）の小部屋が利用できたので、これを使った新しいオンライン（Zoom）スタイルの開発を試みました。

これまでやってきた10人前後の参加者を対象にした「協働的な授業リフレクション」はファシリテーションが少し難しいです。しかし、少人数のチーム分けのできる BOS では「ゆるファシリ」と呼ばれる「ちょっとしたファシリテーション」でもリフレクションが促進されました。

また、BOS 活用型では少人数（主に4人）で行われたリフレクションを全体の場に持ち出すときにチャット（書き言葉）を利用することにしました。BOS 後のチャット使用はオンライン教育では通常の使用方法です。しかし、それまで BOS の部屋内で行われていた「話し言葉」を中心としたリフレクションを、全体の場で個々にチャット（「書き言葉」）を使って書くことによってリフレクション密度が上がります。話し言葉のリフレクションでは非言語で補われていたモノが書き言葉のリフレクションにする際には描写をすべき範囲（背景）が増えるからです。

そのチャットに書かれた個々人の書き言葉のリフレクションを全体のオンライン空間では、ファシリテーターが取り上げ、質問を通して掘り下げるようにします。「模擬授業を楽しむ会」ではこのチャットの言葉を「拾う」スキルをドンドン精錬し、「BOS 活用型リフレクション」を

創り上げていきました。この開発は会にとって大きかったです。

● PCAGIP リフレクション ·····························

　「PCAGIP（ピカジップ）：Person-Centered Approach Group Incident Process」は村山正治さん（東亜大学）らによって開発された新しい事例検討法です。「協働的な授業リフレクション」のような授業提案の検討法ではなく、事例提案の検討法です。授業リフレクションではそれぞれの気づきをコメント形式で出すのに対して、「PCAGIP」ではそれぞれの気づきを質問形式で出して事例の整理をします。流れのある一貫性のある質問と突然変化する質問のセットが事例提供者及び事例の背景をドンドン整理・深掘りしていきます。そこが面白いです。

　この「PCAGIP」に最初に出会ったとき、とても不思議な感じがしました。それまで「協働的な授業リフレクション」で行っていた「輪になって座る」「打順のように一人一つずつの発言原則で話し合う」。そして何よりも「協働的な授業リフレクション」で大事にしてきた「肯定ファーストの考え方」（参加者発言を頭ごなしに否定しない／全否定しない）ということがことごとく一致したからです。本当に不思議な気がしました。

　この一致がどこから来るのか。『新しい事例検討法 PCAGIP 入門』（村山正治・中田行重編著、創元社、2012年）を読み進むうちにわかったことは、それぞれのアプローチのルーツになっているものが「人間中心主義の哲学」（ロジャーズ）であったことです。わたしが「協働的な授業リフレクション」を作り上げるときに学んだのはコルトハーヘンさんも学んだというゲシュタルト療法とその仲間であるフォーカシングのワークショップです。わたしはそれらワークショップで行われていたスタイルを無意識に踏襲していました。それが共通点になっているかなと思います。さらにルーツの特定をすると、米国エサレン研究所のワークショップに行き着くかなと思います。

　会の中では「特別支援×リフレクション」グループがこれを採用して進化させました。「リレー質問」を4人一組にし、他メンバーはそれを観察する「フィッシュボウル」[*3]方式を採用しました。この新しいオンライン PCAGIP によって多くの特別支援教育の事例が検討されました。

●● Jamboard 活用型 YWT リフレクション ‥‥‥‥‥

　「YWT」は「日本能率協会コンサルティング」が提唱した日本で開発されたリフレクションの枠組みです。チームで行った実践を「やったこと（Y）」「わかったこと（W）」「次にやること（T）」という３つの安定をした枠組みによってリフレクションします。この「YWT」を「オンオン会」の全体イベントのふり返りに採用しました。似た方法に「KPT」*４などがあります。こちらも検討しましたが、哲学レベルの違いがあって見送りました。「YWT」は良さに着目する哲学があります。

　従来「YWT」がリアルで付箋紙を使って行っていたものを「Jamboard（ジャムボード）*５」などのアプリを使ってカード提示が非同期でも行えるようにしました。こうすることによって、忙しい中でのイベントのリフレクションが圧倒的にやりやすくなりました。「Jamboard」を使った「YWT」はイベントなどのリフレクションとして最適なそれに進化させることができたと思います。

●● ストップモーション式録画リフレクション ‥‥‥‥‥

　録画リフレクションは以前からあった授業検討法です。しかし以前は録画データをとることに手間がかかったので研究方法としては広がっていましたが、なかなか現場レベルの方法になりませんでした。しかし、オンライン環境による教材づくり、模擬授業が普通になってきました。Zoom などを使う場合、授業はボタン一つで録画可能になりました。

　「オンオン会」ではそうした録画動画を積極的に活用するために「ストップモーション方式」と「協働的な授業リフレクション」の組み合わせを行いました。つまり反省のリフレクションであった「ストップモーション方式」のスタイルを活かしたまんま、アウェアネス（気づき）の

＊３　内側と外側に円の形に椅子を配置。内側の円に座っている人たちが対話をし、外側の円に座っている人たちはただ眺めるという形から、フィッシュボウル（金魚鉢）と呼ぶ。
＊４　振り返り手法の一つ。K（良かった点）、P（問題点）、T（改善点）という枠組みで振り返る。
＊５　Google 社が提供している共同作業ができるデジタルホワイトボード。https://edu.google.com/intl/ja_ALL/products/jamboard/

リフレクションにシフトしました。特に動画教材などをリフレクティブに学ぶのに、この新しい「ストップモーション方式」はベストマッチしました。随時マイナーチェンジも行われています。

> **コラム** 最近の授業づくりで大事なのは、教師／ファシリテーターが「学びの意味の探求」ができることです。教室空間で起こっている出来事の中から「これって学びの意味があるじゃん！」ということを感じる、気づくができるってことです。それがないと「授業っぽく見えること」だけを子どもに要求する授業になります。
>
> 例えば「集中している授業」。昭和の時代の調査なので、さすがにいまは少なくなっていると思いますが、「集中しているか否か」。けっこう先生たちはこだわっていました。しかし複数のベテラン教師に集中しているか否かの見分け方をインタビューしたところ、なんと行儀良く椅子に座っているか否かということでした。
>
> もう一つ。学生たちのレポートを読んでいると「覚える授業」への信仰も根強いようです。その際、「覚えているか否か」の指標になっているのは、教科書の言葉を再生することができるか否かのようです。まだ教科書に書いてある通りに覚える、作業する、まとめるということに特化した形で学びの意味を理解しています。
>
> 二つに共通するのは、「授業っぽく見えるか否か」（積み上がっていく感じの得られやすさ）かな。最近は「主体的・対話的で深い学び」のようなことが言われるようになってきて、学びの意味を探求する教師が増えています。一見遊んでいるようにしか見えないことの中に学びの意味を感受する力を磨く人が増えています。
>
> ハンソン[6]に「観察の理論負荷性」という概念があります。めっちゃザックリ言うと、「何かを観察するとき、自分の持っている理論（ex.「学びとはコレ！」）によって見え方が変わるということ」。つまり「主体的・対話的で深い学び」のような新しい授業を作るには学びの意味を探求し、感受性を磨くことがいるということです。

---

[6] N.R.Hanson（1924-1967）アメリカの科学哲学者。

第4章

コミュニティの
リフレクション

松本　紀子

岩田　慶子

芳賀　健顕

曽根　義人

守　　康幸

1 ── 箇条書き リフレクション

◆• ことばになるってすばらしい

　2017年1月に、初めて上條晴夫さんによる「協働的な授業リフレクション」を体験しました。そのとき、心の底からワクワクしたのを今でも鮮明に覚えています。ほかの人の意見を聞くことで、自分がぼんやりと感じていたことが、言語化されることに心躍りました。

◆• オンオン会と「箇条書きリフレクション」

　そんな中、2020年の4月、全国一斉休校中に上條さんの呼びかけで「オンライン授業をオンラインで学ぶ会（以下、「オンオン会」）」が、立ち上がりました。そして、「オンオン会」が活動を始めた時期に、上條さんが新たに考案されたのが、「箇条書きリフレクション」です。

> ＊とにかくやってみた「気づき」を箇条書きする
> ＊「対話ツール」として読み手を意識する
> ＊自己リフレクションがしやすい　　　　　　　（本書23頁参照）

◆• オンオン会での「箇条書きリフレクション」の実践

　「オンオン会」では、その後、「グラフィックレコーディング部（以下、グラレコ部）」というグループができました。
　「グラフィックレコーディング（以下、グラレコ）」とは、議論や対話などを絵や図などのグラフィックに可視化して、記録していくファシリテーションの手法のことです。
　2020年の秋に、「オンオン会」主催で、「気づきを生む『対話を描く技術』」というワークショップを開催しました。講師は、小学校教諭でグ

ラレコの経験が豊富な小林雅哉さんでした。その後、小林さんを顧問に迎え、グラレコ部として、定期的に活動を開始しました。そして、上條さんより、活動後に「箇条書きリフレクション」を行うことが提案されました。提案された手順は以下の通りです。

①活動をしたのちに、2分間で「気づいたこと」を簡潔に箇条書きする。
②二人一組になって、箇条書きした項目について、「聞き手」が気になったことを一つ選んで、書いた人に説明をしてもらう。聞き手と話し手を交替して「聞き合いっこ」をする。

　以下に、グラレコ部で「箇条書きリフレクション」をやってみて、感じたこと、考えたことを述べていきます。

◆●｜ 「箇条書きリフレクション」を実践してもやもやしたこと

　グラレコ部で「箇条書きリフレクション」を数回経験した頃に、上條さんと「箇条書きリフレクション」について話す機会がありました。私はこれまで「協働的な授業リフレクション」や、模擬授業を楽しむ会でのリフレクションを経験していました。そこでも、はじめに箇条書きをします。その箇条書きと「箇条書きリフレクション」を混同していました。上條さん提案の「箇条書きリフレクション」は、「箇条書き＋聞き合いっこ」がセットになっています。今までとは違う、新たなリフレクションのスタイルを作られたということを十分理解していませんでした。
　もう一つ、グラレコ部でのリフレクションをしていて悩ましいと感じていたのは、「深堀り」をしない物足りなさでした。そのことを上條さんに相談すると、「箇条書きリフレクション」は、広く多様な「気づ

き」を取り出すことが肝心だというのです。「とにかくたくさん書き出すこと」が大切だと言います。それを促す手立てとして、箇条書きの数を表明してもらってはどうかと、助言をもらいました。

　また、最初の頃グラレコ部では、グラレコに必要なスキルを、毎回一つ学んでいました。とてもシンプルな活動だったために、リフレクション時に「したこと」は書けても、「気づいたこと」を書くのが難しいと感じました。その点については、「新しくわかったこと、気づいたことについて書きましょう」という言い方をしたらどうかと、助言をもらいました。

　助言をもとに実践し、以下のことを考察しました。

① 「気づき」を書くことによって何が得られるのか
② 広く多様な気づきを書き出すと、どんな良いことがあるのか
③ 「聞き合いっこ」の利点は何か

◆● 再び「箇条書きリフレクション」をやってみて思ったこと

（1）「気づき」を書くとはどういうことか

　第6回のグラレコ部では、「濃淡」によって何が表現できるかを学びました。そして「箇条書きリフレクション」をするにあたり、「＿＿＿＿に気づきました」の＿＿＿＿に入るものを考えてみてくださいと言ってみました。この回に参加されたNさんは、下図のように箇条書きされました。体験の中の「自分にとって意味のある効果」が具体的にたくさん書き留められました。つまり、灰色のマーカーを使って、濃淡をつけることで、何ができたかという気づきが書かれました。これは「反省」でもないし、「楽しかった」という感想でもありません。この次にもう一度再生することができる手法が、具体的にたく

（灰色のマーカーを使うことで）
・うきでる　　とびでる　　立体的
・明るさ
・かげ
・注目させる
・模様
　　（以上が描けることに気づいた）

・「灰色をなめるな」
　　　　　　　　※（　）内、筆者加筆

さん書き出されたのです。

　最後の「灰色をなめるな」ということばは、
まさに「自分の内側から湧き上がってきた声」
だと思います。灰色のマーカーは普段買わない
けれど、グラレコをするにあたっては、本当に
強いインパクトを与えることができること、そ
の学びが凝縮されていることばです。そのこと
ばをわかちあったためか、この後、Nさんはじめ、たくさんのグラレコ
部員が、灰色のマーカーを買いました。「気づき」や「実感」が言語化
されて、実践したい気持ちが高まったのだと思います。

（2）たくさん書き出して見えたもの

　年末に実施した第8回のグラレコ部では、二人組になって、来年やり
たいことについて対話し、聞き手がその内容をグラレコするという活動
をしました。

　それまでの回で、箇条書きした数を表明し、「たくさん書く」ことを
意識してきたので、この回では、多様な「気づき」が言語化されました。
例えば、対話時に「グラレコするからこそ聴こうとする」という気づき
もあれば、「グラレコに色を効果的に使いたい」という気づきもありま
した。「対話と同時にグラレコを描くのは難しい」という実感も書かれ
れば、「似顔絵を描くとその人らしさが出る」という気づきもありまし
た。またグラレコの描き手としての気づきもあれば、グラレコを描いて
もらう立場での気づきもありました。このように、全体的なこと、細部
のこと、立場別にどう思ったか、何ができたかなど、本当に多岐にわた
る記録が手元に残りました。

　中でも私が面白いと思ったのは、ある方が書き出した、「話の主人公
の顔を時系列に描くことで、（聞き手にとって）話の流れがわかりやすく
なる」という気づきです。このときまで、私は表情を描くことはあって
も、対話の展開の「目印」として、表情を描くということをしていませ
んでした。そのような手法とその効果が言語化されたのは、おもしろい
と思いました。この活動で、参加者ほぼ全員が感じるだろうと予想でき

ることではなかったからです。

　これらの例でもわかるように、「たくさん書き出す」利点は二つある
と思います。一つ目は、「たくさん書き出す」という負荷をかけること
で、簡単に思い出せるものだけでなく、後からじわじわ出てくる実感や
意識されきっていない実感とでもいうようなものが書き出せることです。

　二つ目は、多様な気づきを、言語化することができることです。そう
することで、多岐にわたる記録が残ります。後からその「箇条書き」を読
み返すと、その活動の意味をもう一度考え、次に何をするかを決めていく
手がかりになります。まさに自己リフレクションにつながっていきます。

（3）箇条書きを対話ツールとして活用する「聞き合いっこ」

　さて、上條さんは「箇条書きすること」と「聞き合いっこすること」
がセットで「箇条書きリフレクション」であるとされます。この「聞き
合いっこ」することには、どのような効果があるのでしょう。

　例えば、このようなことがありました。第1回
目のグラレコ部では、口、眉、目といったパーツ
を組み合わせることで、表情を描き表せることを
学びました。このとき印象的だったのは、Hさん
の「心の中も描けるんだ」というコメントでした。
Hさんは、「『考え』よりももっと大きいものも、
表情を通して描けるのかもしれない」と思ったそ
うです。私にはない発想だったので、驚きました。
自分では思いつけないことに気づかせてもらえる

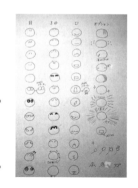

ことが、「聞き合いっこ」の醍醐味の一つだと感じています。

　ところでこの「聞き合いっこ」のときに、聞く側に対話する項目を選
ぶ権利があるというしくみには、どういう意味があるのでしょう。そこ
には、二つのポイントがあると思います。一つ目は、「聞き手の関心が、
話し手の言語化の助けになる」ことです。私が話し手だったとき、相手
が選んだ項目に、わかりやすく答えたいと思いました。その結果、自分
が言いたかったことが、より明瞭に言語化されました。

　このような例もあります。第5回目は、色の持つイメージについて学び

ました。同じイラスト、もしくは吹き出しを５つ描き、その絵や吹き出しの背景にそれぞれ違う色を塗り、受ける印象について話し合いました。

この回に参加されていたＮさんは、「文字も変わる」と書かれていました。詳しく聞くと、「絵のときだけでなく、文字の背景に色がつくことで、文字の印象も変わるのがわかった」と説明されました。例えば、辛いカレーライスだとか、「タイのグリー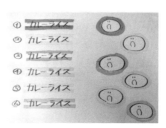ンカレー」などが感じ取れます。Ｎさんは、「今までは、大事だから赤ペンで書くことはあっても、文字に色をつけて『イメージを相手に伝える』という発想がなかった」と振り返りました。聞き手の質問に答えて、「かわいいからこの色を使うという自分の感覚ではなく、イメージの広がりを狙った色の使い方ができる」と言語化できて、気づきがより明確になったと思いました。

二つ目は、「違う価値観を持った人が選ぶ」という点です。書いた本人はあまり重要視していなかったことが、第三者から見ると興味深いと感じるものもあります。聞き手が選ぶからこそ、そこにスポットライトが当たります。聞き合いっこをやってみて、そういうことなのかなと思いました。

◆● ことばにすることで、『次』が見えてくる

グラレコ部で「箇条書きリフレクション」をしてきたことで、グラレコで使える手法の効果が整理できました。そして「聞き合いっこ」することで、別の視点をもらったり、自分の気づきが明確になったりしました。このように、グラレコ部では、広く多様な「気づき」が言語化されることで、活動の意味を見直し、次の展開を考える手がかりとなっています。皆さんも「箇条書きリフレクション」で、実感や気づきをことばにしてみてください。次の実践への意欲が湧いてくると思います。

（松本紀子）

BOS 活用型 リフレクション

◆• リフレクションの「矢」の向きは？

　「リフレクション」との初めての出会いは、衝撃的でした。ある授業を受け、その後に振り返りとして「リフレクション」を行いました。その振り返りの仕方が、公的研修の場で行われたどの研究討議とも違いました。参観者が授業者に「矢」を向けて授業のやり方について批判するのではなく、授業を受けた参観者自身の心の動きにベクトルを向けるのです。そのベクトルの行方は……？　一緒に追っていきましょう。

◆• 「BOS 活用型リフレクション」とは

　「オンオン会」主催の「模擬授業を楽しむ会 (以下、模擬会)」は、隔週木曜日の夜に開催されています。その中で、「BOS (ブレイクアウトセッション) 活用型リフレクション」を行います。

(1) 模擬会の「3つの柱」

　模擬会では、①オンライン授業の学びの意味の探究、②オンライン授業のしかけを発掘・開発する、③リフレクションで広げる、の3つの柱を大切にしています。

(2) 模擬会の主な流れ

---

①模擬授業 (25分)

②各自のリフレクションを箇条書きする (2分)

③ BOS で少人数の協働的なリフレクション (35分)

④全体シェア (10分)

⑤授業者より (5分)

　毎回、おおよそこのような流れで行っています。授業を受ける時間よ

りもリフレクションする時間のほうが長いことに、驚かれる方もおられるのではないでしょうか。このことからも、「授業者」ではなく「授業を受けた自分」にベクトルが向いていることがわかるでしょう。

　この流れに沿って、今から模擬会を追体験してみましょう。このとき、参加者は学習者として授業を受けます。子ども役を演じるのではなく、「素」の自分として授業を受けるというのがポイントです。

　ある回では、小学校理科の授業として、ほ乳類なのか鳥類なのかわかりにくい「カモノハシ」とは何類なのか、という主題に取り組みます。学習者は、授業者からシンプルな導入を受けた後、授業内でグループに分かれます。カモノハシについて検索したり話し合ったりして、情報を集めます。そして、スライドに自分なりの結論として、ほ乳類なのか鳥類なのかそれ以外なのかを書き、その理由も書きます（写真参照）。

　全体の場に戻り、グループごとに「ほ乳類」か「鳥類」どちらを選んだのか、またその理由について、スライドを見せながら発表します。自分と同じ意見の人、違う人、同じでも理由が違う人、さまざまです。

　最後に、授業者は正解を言いませんでした。このことは、その後のBOSでのリフレクションや、リフレクションの全体シェアの場において、大きな影響を及ぼしたのです。

（3）BOS 活用型リフレクション

①学習者として授業を受ける（「子役」でなく「素」の自分で）
②気づきにフォーカスする（自分の心の動きを見とる）
③互いの一番の気づきを深掘りする（協働的なリフレクション）
④共通する気づきを伝えたり、具体的なシーンを語ったりする
⑤対話によって深掘りした気づきを全体の場で書き、シェアする

　上の表の②は、模擬授業を受ける中で、また、メモに気づきを書き出

していく過程において、焦点を当ててほしいポイントです。「③互いの一番の気づきを深掘りする」ための協働的な場を BOS にて作ります。そのときに、参加者の気づきを結びつけや質問によって深掘りするのが、「ゆるファシリ」と呼ばれるファシリテーターたちです。

　BOS では、4〜5人ずつの少人数グループを組みます。その中の一人が「ゆるファシリ」になるように、模擬会の運営側が意図して構成します。30〜40分の BOS の中で、③では、互いの一番の気づきについて深掘りします。どの場面で「グッときた」のかを「授業者が○○した時」など、具体的なシーンを挙げて語るのです。④では、「私も同じところでグッときました」などのように、参加者同士が共通する気づきを伝え合います。深掘りするときに質問と応答を繰り返すため、参加者の発言回数、発話量が多くなります。

　人の授業を受けて研究討議する際に、自分自身がこのようにたくさん発言することが、今までにあったでしょうか。冒頭で述べたように筆者が初めてこのリフレクションを体験したとき、衝撃が走りました。そしてこれこそが、学んだことを自分の授業に落とし込むための最適な振り返りであると今では確信しています。

　例えば、カモノハシについての授業後のリフレクションでは、次のようなやりとりがありました。「自分の判断と理由を示さないといけないというプレッシャーがあった。でも、グループで話し合うことで、それが安心に変わっていきました」「たしかに。個の作業でありながら、グループで程よく話し合えましたね」「でも、そもそも、△△科とか▲▲類って分ける意味は何なのかな。そこがもやっとします」「そうですよね。なぜ人間は、何でも分けて名前をつけたがるのかな」「便宜上？」「そうしないと、困るから？」「カモノハシにとっては、どうでもいいですよね」「そう言われてみれば、そうですよねえ……」

　このように③④を BOS で行った後、メインセッションに戻り、⑤全体シェアを行います。参加者は、BOS での対話によって深掘りした気づきをチャットに書き込みます。運営側がいくつかの書き込みを取り上げ、書いた人に質問して応えてもらうことによって、さらに深掘りします。

◆● 「ゆるファシリ」とは

「BOS活用型リフレクション」に欠かせないのが、模擬会の中で合言葉のようになっている「ゆるファシリ」という進行役の存在です。「ゆるファシリ」には、「肯定ファースト」という大前提があります。学習者のどんな気づきも、まず肯定して受け止めるのです。対話を仕切りすぎず、学習者にゆるやかに関わり、共感的に傾聴することが大切です。協働的なリフレクションを進める上で、「ゆるファシリ」には以下の二つの役割があります。

> ①参加者同士の「似た気づき」を結びつける
> ②参加者が一番の気づきを得た具体的な場面について深掘りする

　授業を受けて感じたことを学習者の誰もがすぐにすっきりと言語化できるとは限りません。「なぜ心が動いたのだろうか」「なぜこんなにも引きつけられたのだろうか」と、もやもやしていることがあります。そこで、「ゆるファシリ」も一緒にもやもやを楽しみます。何度も何度も質問と応答、具体的場面の掘り下げが続き、やがてそのもやがぱっと晴れる瞬間が訪れます。または、もやもやのまま終わることもあります。それもいいのです。もやもやも心の動きを表す大切な印だからです。

◆● BOSと全体シェア、二項立ての意義

(1)「話す」リフレクション

　模擬授業の最中、学習者の心が動いたり、気づきを得たりしている瞬間に、「言葉」が生まれます。気づきをメモに簡条書きする2分間に、生まれた「言葉」を書いていきます。中には、「言葉」にならずにもやもやしたままの感情も残っています。「BOS活用型リフレクション」では、小さな共同体の中で話すことによって、気づきを共有します。

(2)「書く」リフレクション

　全体シェアのためのチャット欄には、BOSで話し合ったことを「ま

とめて」書く必要はありません。あくまでも、個人の気づきを書きます。模擬授業を受ける中での記述でもかまわないですし、グループで話し合う中で個人として気づいたことでもかまいません。小さな共同体の中での気づきを、より大きな場でシェアできるように書いていきます。

（3）「話す」「書く」二項立ての意義

　BOSで対話して掘り下げたことを、全体シェアの場で記述する意義とは、何でしょうか。次の3つが挙げられます。

> ①気づきの可視化と保存ができる
> ②自分以外のグループの気づきを追体験できる
> ③ざっと並んだ記述から気になるところをピックアップしやすい

　「カモノハシは何類？」がテーマの授業では、どのように気づきを記述しているでしょうか。実際のチャット欄を見てみましょう。

（4）全体シェアのためのチャットからわかること

　右図の上から5番目の人の記述に「今もまだ歯についてもやもやしています」とあります。カモノハシに歯があることから、分類に迷ったということです。また、1番下の人の記述に「他の人のスライドと発表の声で、また揺さぶられました！」とあります。この参加者は、自分たちのグループが「カモノハシは〇〇類です」と発表した後に、他のグループの発表を見て、「自分たちの決定はあれでよかったのか……」と揺さぶられたということです。これら二つの共通点は何でしょうか。二つとも、「もやもや」であるということです。最後のシェアの場でさえ、「もや感」が残っているということです。協働的なリフレクションにおいては、「もや感」を持つことさえも大切な気づきである、という考え方をしています。参加者は、無理にスッキリしなくてもいいし、結論づけなくてもいいわけです。

チャット
開始A＠福島から全員：
赤ちゃん、めっちゃかわいいですね！

開始B＠宮城から全員：
あかちゃんかわいいですよね♡皆さんも見てください(^^)/

開始C＠全員：
遅れましたが自己紹介。Cです。千葉県公立中学校の数学教師です

自分から全員：
B先生、私もカモノハシの赤ちゃん調べて見てます！

開始D＠京都から全員：
調べることを面白いと感じられる時間でした。グループで調べることが面白かったです。今もまだ歯についてもやもやしています。最初の導入にあったので、入っていきやすかったです。子どもたちも、調べ学習興味深いと思います。

自分から全員：
C先生、自己紹介ありがとうございます！

開始E＠仙台から全員：
他の人のスライドと発表の声で、また揺さぶられました！

(5) 全体シェアの場での「問い」の原則とは

　筆者は、模擬会の全体シェアの場でファシリテーターの役割をしています。参加者の書き込みを目で追いながら拾い、質問し、応答していただくことで、「深掘り」しています。その問い作りの原則を紹介します。

> ① 参加者からの疑問に対して、その人自身の答えを引き出したり、授業者に返したりする
> ② 曖昧さに寄り添い、共感し、もやもやのままでおいておくかスッキリさせるかを分ける質問をする

　例えば①の場合、右図の上から5番目の「この授業のまとめはどうなるのかな」というつぶやきを拾いました。そして、授業者自身にも同じ質問をしました。授業者は、「正解することよりも、カモノハシや生物の分類に対する学習者の考え方がより科学的になること。それがこの授業のねらいだった」とまとめました。このように発問で参加者と授業者をつなぐことも大切にしています。

チャット
開始 F @神奈川に全員：
ボーダレスな存在もいるということを理解できる。

開始 G に全員：
答えとしては、高校の時に教わったので知ってはいたのですが、今回のように写真を見て、カモノハシは、哺乳類であるという根拠は

開始 H @札幌に全員：
哺乳鳥類とか新しいジャンルを作るかww

開始 I @神奈川に全員：
普段考えていないことを考えるのは楽しい！

開始 J @青森に全員：
この授業のまとめはどうなるのかな

開始 K @長野に全員：
スライドで書き込むと、1人で考えているのに1人で考えてないような安心感がありました。自由に考えられて楽しかった。

開始 B @宮城に全員：
画像から連想できることは限られているので、自分で調べて新たな発見があるのが面白かった。

 ## 「矢」の行先は「ここ」だった！

　参観者が授業者に「矢」を向けて授業のやり方について批判するのではなく、授業を受けた参観者自身の心の動きにベクトルを向ける「リフレクション」。そのベクトルの行方を追う過程は、いかがでしたか。

　リフレクションをしてスッキリしたとしても、もやもやが残ったとしても、この自問自答の過程自体を大切にします。そうすると、もやもやをも肯定することに自然とつながります。話しやすく、心地よく包み込む場づくりをしようとすることができます。自分自身を見つめ、見つける場であるリフレクション――。読者の皆さんも、実際に体験してみませんか。また、その場づくりについて、一緒に学んでみませんか。

（岩田慶子）

3 ── PCAGIP 事例検討法を
使ったリフレクション

◆● 経験を学びにする良さ

　教員は、子ども・保護者・職員と、つねに誰かと関わり合っています。日々対峙する問題は、人間関係によるものがほとんどでしょう。

　そんな対人支援の現場では、教育技術や授業ネタなどの理論・方法だけでなく、経験の中で「吟味する価値がありそうなこと」を学びにするリフレクションが必要だと感じます。

◆● 見様見まねでファシリテーション

　東北福祉大学大学院で、上條晴夫先生の「教師教育学」を受講し、「リフレクション」を知りました。

　また、上條先生が開発した「協働的な授業リフレクション」を知り、他者とリフレクティブに学ぶことに大変な魅力を感じました。同時に、学びを促進するファシリテーターもいつかやってみたいと思い始めました。

　東北福祉大学の特別支援教育研究室に「ひかり野塾」があります。小中学生がゲームを通して社会性を育みます。私はそこで、ボランティアスタッフをしていました。

　活動の後、1時間ほど検討会の時間があります。担当の先生に、この検討会で、協働的なリフレクションをしたいと頼み込みました。学生が方針を変更するとは生意気ですね（笑）。とはいえ、なんと快諾でした。

　ファシリテーターとしての上條先生になりきって「輪になって座り、気づきを語ってもらう。そして、気づきを突き合わせ、協働の知を創造する。司会は、どんな語りに対しても興味深く聴き入り、安心して発言できる場を作る」。これを毎回続けました。成果が出るまで真似しました。

検討会を続ける中で、協働の知が創られた一場面を紹介します。

◆

　参加したメンバーは、担当の先生、大学院２年生（筆者）、大学４年生、大学１年生２名の合計５名でした。

　大学１年生のＴ君が気になった「セッション10回目の冒頭場面」について語り出します。

　「セッションに参加した小学生Ａ君は冒頭で『ねむい、ねむい。』としきりに訴えます。これは、Ａ君が感じている眠気の表現として解釈するのではなく、周りの学生スタッフや友達に自分の存在をアピールするものではないか。そして、Ａ君は人の顔色を伺うタイプかも。」と言います。

　Ｔ君の気づきによって、今まで全体としてはスルーされていた場面に改めて焦点が合わせられました。

　「では、この気づきについて、次回からどんな作戦でいきましょうか！」と私。Ａ君支援の作戦会議がはじまります。

　メンバーは「セッション前のＡ君とのおしゃべりに、もっと付き合ってあげよう。」「Ａ君がすぐ話しかけられるように、スタッフの配置を工夫しよう。」と作戦を練り始めます。

　教育実習などの教授学的な経験のない大学１年生のＴ君。私はそのＴ

君が、メンバー全体の支援方針に貢献したことに価値を感じていました。

　協働的なリフレクションを導入する前に、「年齢・学部の違いなど、私たちはさまざまな背景を持っています。大学1年生でも大学院2年生でも『経験による正しさ』はないと思っています。だから、リフレクションを導入しようと思いました。どうかお付き合いください。」と言いました。年功序列はないという考えや、メンバーの多様性に価値があることを説明しました。

　メンバーの皆さんに、「なぜこれをやるのか？」の説明とリフレクションすることの良さが徐々に伝わっていったと感じていました。T君の中でも、思考と実践のサイクルが回り出し、見方や考え方の質が高まっていったと考えます。

◆● 人を中心において事例を検討する

　コロナ禍を契機に「特別支援教育×オンラインを研究する会（以下、「特オン会」）」が発足し、そのお世話役（運営）を担当しています。

　上條先生に、「『特オン会』の振り返りで『PCAGIP（ピカジップ）』をやったらどうかな。」と提案され、すぐに採用しました。

　開発者である村山正治先生は、「カール・ロジャーズの Person Centered Approach（人間中心アプローチ）の Group 体験をもとに、ジェンドリンの Incident Process（事例検討法）を組み合わせて開発した。」[*1]と述べています。頭文字をとって「PCAGIP」です。

　「PCAGIP」の大原則は、①事例提供者を批判しない。②メモを取らない。です。①はわかります。従来の検討法では、事例提供者に改善点を述べることが主流でした。指摘を受けるばかりでは事例提供者のメンタルはボロボロになります。「PCAGIP」では、事例提供者「が」大事なことに気づくという前提に立ちます。②のルールは珍しいです。メモは、ほとんどの場合自分のためにします。「PCAGIP」は、ロジャーズの「相談者が主役」という人間中心主義を大切にしています。「良し悪

＊1　村山正治・中田行重編著『新しい事例検討法　PCAGIP入門　パーソン・センタード・アプローチの視点から』創元社、2012年。

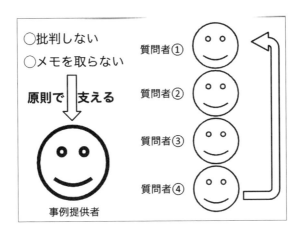

し」や「事例の意味・価値」を判断する主体は事例提供者だということです。だから、メモをとるくらいなら、事例提供者を支えることに専念しようという考え方になります。

　このように、人間（事例提供者）を中心としたルールをもとに、リレーのように「質問」していきます。「質問」こそ、PCAGIP システムの要です。

　本来の「PCAGIP」では、10人程度の質問者がいます。「特オン会」の「PCAGIP」は、質問者を 4 人としました。質問時間30分程度の枠で、最低 2 周は回したかったのです。回を重ねるごとに、開始から質問 2 周目くらいでやっと場が温まってくることを体感していたからです。

　また、事例提供者、質問者以外の参加者は、観察者として参加します。第三者からの見えも大切にする「フィッシュボウル」方式です。

◆● 本音が出る検討会

　PCAGIP 検討会も第 9 回となりました。

　事例提供者は 3 年目のフレッシュな若手の先生です。自分にとって価値ある場面を語り、質問者 4 人が質問します。

◆

　特別支援学校のK先生は、子どもの対応で失敗したことがありました。失敗の後、上司のベテラン先生に「どうして事前にもっと丁寧に観察し

なかったの？　予測できたよね？」と指導を受けます。

　K先生は、その経験と上司の先生の指導について「自分なりに、しっかり観察していたのに結果的に失敗に終わりました。確かに自分の指導力の未熟さはわかります。でも、そこまでキツく言われたのは本当に辛かったです。」と言います。事例を語るK先生は、なんとも辛そうな表情を浮かべます。

　10分程度の事例提供が終わり、質問の時間が始まりました。4人の質問者が2回ずつ質問します。計8個の質問から二つを紹介します。

　ある質問者は「K先生、過去に似たような経験はありましたか？」と聞きます。これにK先生は「あまり経験がないです。もしかして、怒られる免疫がないのかもしれません。言われたことを100％で受け取るクセがあるのかも。」と語ります。

　また、ある質問者は「この事例を提供することに、抵抗はなかったんですか？」と聞きます。K先生は「キラキラしたことも良いけど、やっぱりこの事例のほうが皆さんに引き出してもらえそうな気がしたんです。」と言います。

◆

　K先生はそんなセンシティブな事例をあえて持ってきました。なぜ話すのも辛くなるような内容を事例提供できたのか。また、なぜ質問に答えることでK先生自身が気づきを得られたのでしょうか。

「事前打ち合わせ」と「質問の仕方」がポイントだったと考察します。まず、K先生との事前打ち合わせで、以下のことを意識しました。

・K先生の話を徹底的に聴くこと。

「事前の打ち合わせ」から、K先生を支えようと強く意識しました。今回の「PCAGIP」を実施する目的は、K先生の中にあると思ったからです。

私は、打ち合わせでK先生に質問しました。「この事例を発表して、K先生はどうなりたいですか？　支援の方法を学びたいですか？　それとも、K先生の頑張りを認めて欲しいですか？」K先生はすかさず「頑張りを認めて欲しいです。」と言いました。打ち合わせの終わり際、K先生は、「話を聞いてくれて安心した。打ち合わせ、やって良かったよ。本音のところ話してみるね。」と言ってくださいました。この時点である程度の「居場所」の感覚を抱いてもらえたかと感じました。

そして、「質問の仕方」についてです。紹介した二つの質問は、K先生に指導を入れるような上からの問い「ではない」ことがご理解いただけましたでしょうか。私は、K先生の事例提供直前となったときに、「皆さんが、ご自分が若手だった頃を思い出してくださいね。どうかK先生を支えてくださいね。」と柔らかい口調でアナウンスしました。

◆● 巨人の肩の上で試行錯誤する

学生時代、サークルや教育実習での悩みのほとんどは人間関係でした。解決のためにあてにしたのは、知識やノウハウだけでなく、経験したことを友人や先生とあれこれ考えることでした。

私にとって、協働的なリフレクションや「PCAGIP」はその延長です。

これらのシステムを運用し積み重ねることで、「ジグザグ」と確実に前に進んでいる実感が得られるようになりました。

（芳賀健顕）

4 — Jamboard 活用型 YWT リフレクション

　私は「Jamboard 活用型 YWT リフレクション」を行うことで、行動と思考を切り離してアプローチし、内省が起きることを学びました。その学びについて、実践例を交えてご紹介します。

◆● 「Jamboard 活用型 YWT リフレクション」とは

　「Jamboard」は Google 社の「Google Workspace」の一つで、ホワイトボードをクラウド上で管理し、付箋でメモを貼ったり、図をまとめたりすることができます。ファイルの共有機能を使えば、URL を知るすべての人が一つのシートにアクセスをして共同で作業することができます。つまり、時間と空間に縛られることなく、効率よく個人のリフレクションを進めることができます。さらに、事前にそれぞれが書いたことを相互に見ることができ、クラウド上で称賛をしたり、追質問をしたりするなど、非同期（書き手と読み手が対面でやり取りをしていないこと）でも関係を構築しながら活動できます。「働き方改革」が求められる昨今、日々改善を図っている学校現場において、①対面ではない時間に関係構築ができる、②対面の際に十分な時間を取って対話することができるという 2 点に Jamboard 活用のメリットがあります。

　また、「YWT」とは、振り返りをするために「日本能率協会コンサルティング」が提唱し日本で開発されたフレームワークです。反省を目的とするのではなく、やったこと（Y：行動面）やわかったこと（W：行動から引き起こされた気づきや実感＝思考面）をもとに、次にやること（T）を明確にするのが特徴です。これまでの私の振り返りでは、「何を行ったか（行動面）」と「何を考え、そのとき、どんな感情であったか（思考面）」について分けて考えることがありませんでした。例えば、学校行事の振り返りでは、業務の効率や備忘録として振り返ることがあっても、感情にアプローチすることはほとんどありませんでした。実感をベース

にするリフレクションにおいて、「やったこと」と「わかったこと」を切り離して考えることは、「行動」と「思考」のそれぞれにフォーカスでき、リフレクションをはじめやすくなるのではないかと感じています。

◆● Jamboard 活用型 YWT リフレクション実践「オンオン会」編

「オンオン会」では、2020年8月に400人規模のオンラインセミナーを開催しました。運営（15名）に携わった人の多くは、4月にオンラインで出会った人ばかりでした。オンラインでの新たな学びを創造し、発信するという目的は共有していますが、広報の方法や当日までの動き、申し込みフォームの作成などの多岐に亘る仕事を手探りで考えるなど、オンラインセミナーの運営は初めてのことだらけでした。初めてのことをするときには、これまでの経験をもとに行動するのではないか、その行動の背景には、自分が大事にしたいことが顕著に表れるのではないかと考えました。聴き手としては、「やったこと」と「わかったこと」がどのように関係しているのかを話し手から引き出すことで、深掘りができるのではないかと考えました。

①1番心に残っている「やったこと」から「わかったこと」をつなぐ問いで、話し手の気づきを深掘りする。
②話し手が①の気づきをもとに「次にやりたいこと」を言語化できるように話を展開する。

（1）YWT リフレクションの下準備

今後、同規模のセミナーを開くと想定した上で、「次にやりたい」を共通理解したいというねらいで以下の方法を提示しました。

①Y・やったこと＝お互いに見えないところでどんなことをしていたのかを書く。
②W・わかったこと＝やったことを受けて、どんなことを考えたのかを書く。

③T・次にやること＝次の大きなセミナーに向けて、会の運営という視点で自分がやることを明確にする。

④お互いのシートを事前に読み合い、コメントを書く。

（2）顔を合わせて YWT リフレクション

【YWT をもとにした対話によって、自分の行動の背景に気づいた場面】

A（筆者）「たくさんの量の付箋が書かれているけれど、どれか一つ『やったこと』から取り上げるとするとどれですか。」

B（参加者）「はじめの会で司会をしたことですね。」

A「確かに、みんなの前に出て話をすることは普段と異なる場面でしたよね。」

B「これほど大勢の前で話す経験が初めてだったので、下準備はたくさんしたつもりだったのですが、実際に話す場面になると冷静になれないことがあって。」

A「①冷静になれないと感じたときにも、何とかやり切ったと思うんですが、どんな要因がありましたか。」

B「仲間に助けてもらったなぁと。自分の限界を超えてみようとさまざまなことにトライしたのですが、周りの方に信頼してもらえたおかげで前に進めたという感覚があります。」

A「②具体的なシーンは浮かびますか。」

B「ある講座の中で、テクニカルサポートをしていた方のネットワーク環境が悪く、そのルームから落ちてしまったんですよ。でも、その授業の中に自分はいたので、しっかり受け継ごうという気持ちで取り組みました。自分にできることで貢献したいという気持ちが強かったです。」

A「なるほど。自分が貢献できることを見つけて、頑張ろうと思えたことは、これまでの周りの人との関係性の中で培われたということですね。その経験や実感を踏まえて、どんなことを『やってみたい』と思いまし

たか。」

B「自分のように、自信を持てたと思ってもらえる仲間を増やしていきたいです。私もオンラインということで、最初は不安があったのですが、先ほどの話にもあるように仲間に勇気づけてもらいました。それを恩返しできればと思います。」

（3）見えてきたこと

　上記のやり取りは、「Jamboard」を事前に見て書いていることを把握した上で、聴き手が深掘りをすることができたため、スムーズになりました。聴き手は、話し手がやったことと、わかったことを往還できるように話をすることを意識しました。例えば、下線①の質問です。また、具体的なシーンを問うことで、話の中身がより鮮明になりました。下線②の質問がそれにあたります。改善点として、事前に「YWT」を書く段階で、より具体的なシーンまで書くことが、実際の対話場面を充実させるのではないかと考えました。

◆●● Jamboard 活用型 YWT リフレクション実践「職場」編

　勤務校の児童会行事の際の実践事例です。児童が主体となってお店を開いたり、クラスを回ったりする児童会行事なので、店の種類や役割分担など、各クラスの裁量が大きく、それぞれの教師の大切にしていることが顕著に表れるのではないかと考え、同僚4名で「Jamboard 活用型 YWT リフレクション」を行いました。

（1）YWT リフレクションの下準備

　「オンオン会」での実践を踏まえ、「Jamboard」への記述の際に、①読み手に伝わるようにやや詳しく書くこと、②互いに書いたことへの質問を事前に書くことを付け加えて取り組むようにしました。

（2）顔を合わせて YWT リフレクション

【教員の関心から行動が変容し、児童の主体性が生まれたことに関する対話】

A（筆者）「『リーダーに責任』というのが、はじめに書かれていますが、どのようにリーダーを決めましたか。」

B（同僚）「リーダーは立候補を募り、互選で決めました。」

A「リーダーにはどんなことをしてもらったんですか。」

B「活動の計画を立ててもらい、それをグループのメンバーに伝える役割です。」

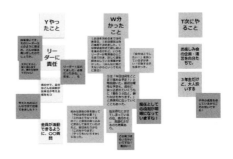

A「何かうまく進める、秘訣はありましたか。」

B「実は、非認知能力という言葉が気になっていて、本やWEBサイトに書いてあった『チョイスタイム』[1]という方法で児童との対話をしたんですよ。」

D（同僚）「『チョイスタイム』が気になります。どんなことをするのかな。」

B「自分がすることを選択する質問をします。例えば、『今日は何を作るの？何個作るの？』といったリーダーとの対話をクラス全員の前でやりました。そうすると、どんな話をしているかがクラスに広まるので、自分にできることをそれぞれが気づくことにつながりました。」

C（同僚）「こちらから指示するのではないところに、主体性が出てきそうですね。」

B「これまでは、『何をしたらいいですか。』や『○○をやってもいいですか。』という質問をされることがあったのですが、祭りの前日に『飾りが足りない。』となったときに、『私たちが輪飾りを作ります。』や『こっちでは、魚に穴を開けておきます。』という自分たちで選択する発言が増えていきました。」

C「③『チョイスタイム』を続けて、Bさんの児童への関わり方に変化はありましたか。」

B「手をかけすぎないようにと考えるのが心地良くなってきました。」

D「これまではその考え方はなかったですか。」

＊1　ボーク重子『心の強い幸せな子になる０〜10歳の家庭教育「非認知能力」の育て方』小学館、2018年。

B「そうですね。『チョイスタイム』を意識したことで、児童それぞれが「やりたいこと」を持っていることに気づけたので、継続することでどんな成長が見られるかを確かめていきたいです。」

（3）見えてきたこと

「やったこと」の背景を探る質問で、同僚がどんなことを大切にしているかが互いに理解することができました。また、下線部③のやりとりにあるように、教員（B）が自分の意識を変えたことにより、児童の変化に気づくことができ、次への指針を言葉にすることにつながりました。非同期で互いの考えに触れるというワンクッションがあることで、顔を合わせて対話をする際の、深掘りする質問が洗練されていました。「Jamboard 活用型 YWT リフレクション」のメリットが強く感じられた取組でした。

◆●｜はじめの一歩としての YWT リフレクション

上記の二つの YWT リフレクションを通して、行動と思考を切り離して振り返ることはリフレクションをはじめるに当たって有効ではないかと感じました。どちらの対象者も、行動と思考の往還をすることで、自分の行動の背景を探ることにつながり、次の方向性を見出すことになりました。

リフレクションという言葉に出会った頃は、「何を話したらいいのだろう。」という不安を抱いていましたが、この行動と思考・感情を切り離してアプローチしてみることで内省が起きることを経験しました。この経験からこれまでの私が選択してきた行動は、目的への最短距離ばかりを選んでしまい、自分はなぜその選択をしているのかをあまり問い返すことがなかったのではないかと気づく機会となりました。そのことは、リフレクションを自分のものにするために、大きな一歩であったと考えています。互いの「大事にしたいこと」を理解し、関係性の構築のきっかけとして、YWT リフレクションを活用してほしいと思います。

（曽根義人）

令和型「ストップモーション式録画リフレクション会」の実践

　コロナ禍でオンラインミーティングやコンテンツ配信を用いた「オンライン授業」が加速し、デジタルデータを活用した検討会がやりやすくなっています。これからは模擬授業の録画やオンデマンド教材などを使った「録画リフレクション」の有効性が増していくと考えられます。

◆● 録画リフレクション会のスタート

　私は2020年９月頃から２回ほど、「オンオン会」のメンバーを中心に、Zoom を使った「録画リフレクション会」を実施しました。勤務校の有志で行った研修で使用したショート動画を使ったリフレクション[*1]や、研究仲間の先生が休校期間中に Zoom を使ったオンライン授業の録画（特別に許可をいただいたもの）を視聴するリフレクションです。素材となる録画データを YouTube（限定公開）でシェアし、各自が事前に視聴してから会に臨む形式をとりました。この実践から、事前視聴型の録画リフレクションの有効性を次のように指摘します。

> ①参加者の都合に合わせたタイミングで視聴できる。
> ②事前視聴の際、参加者が自分の関心に合わせて、繰り返しや一時停止、再生速度の調整ができる。
> ③事前視聴なので、対話の時間を最大限に確保することができる。

　情報機器やインターネット環境の普及・性能向上に伴って録画や共有、視聴が容易になっている中で、録画リフレクションの「手軽さ」は特筆すべきものがあります。

＊１　上條晴夫・オンライン授業をオンラインで学ぶ会『子どもとつながり、学びが広がる！ オンライン授業スタートブック』（学事出版、2020年）の実践記録（38〜41頁）を参照のこと。

◆•| 「ストップモーション式録画リフレクション」の開発

　「ストップモーション方式」*2は、1980年代末に藤岡信勝氏（当時、東京大学教授）らのグループが開発した、ビデオを用いた授業検討会の方法で、広く普及した研究手法です。ストップモーション方式の検討会は、概ね次のような手順で進められます。

> （1）1時間分の授業録画動画を再生・視聴する。再生しながら随時ストップモーションをかけ、次のことを行う。
> （2）解説者が授業の背景説明や、教師の働き掛けの意味を解説する。
> （3）授業者が働き掛けをしようとする瞬間に、どのような働き掛けをするか、すべきかを問うたり、子どもの反応を予想したりする。
> （4）気になるシーンで気になる人が「ストップ」と声をかけ、気づいたことをもとに質問や批判、分析などの議論をする。

　このストップモーション方式は、授業場面の「良し悪し」を評価して議論する方法です。しかし、録画を活用して、シーンと気づきをセットにして対話するという特徴を持つストップモーション方式に「アウェアネス（気づき）」のリフレクションである「協働的な授業リフレクション」の方式を融合させることで、リフレクションの形をさらに進化させることができると考えたのでした。*3

◆•| 「ストップモーション式録画リフレクション会」の実践

　今回開発した、「ストップモーション式録画リフレクション会」の基本プログラムは以下の通りです。

＊2　藤岡信勝『ストップモーション方式による授業研究の方法』（学事出版、1991年）
＊3　詳しくは、本書第1章「リフレクションを学ぶ」を参照のこと。

（1）録画を視聴した後、「気づき」を箇条書きする。

（2）「気づき」の中から自分の価値観に照らして「一番の気づき」をピックアップする。

    ---- ここまでを事前に各自でやっておく ----

（3）リフレクションの前に、ファシリテーターが授業の背景について説明する。

（4）画面共有でタイムライン（下図）を表示し、参加者の一番の気づきのタイミングを Zoom のスタンプ機能で共有する。

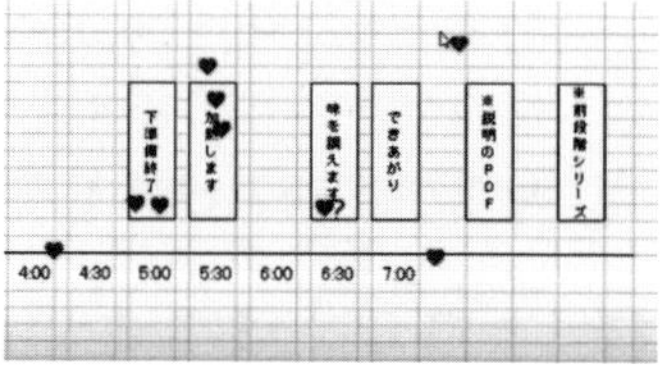

（5）事前視聴したものと同じ録画素材を画面共有で視聴する。
（再生速度を変えてもよい。）

（6）参加者が自分の「一番の気づき」の場面で「ストップ!」と声を掛け、再生を止める。そして一人ずつ「一番の気づき」を話す。

（7）ファシリテーターが「一番の気づき」を掘り下げるために以下の促しをする。
①気づきとシーンを結びつける。②他の参加者の似た気づきを結びつける。

プログラムのうち、（3）・（4）は試行会を通して整理した部分です。特に（3）については、「ストップモーション方式による授業検討会」での「解説者（コメンテーター）による授業の背景説明」を参考にしました。事前視聴でそれぞれが着目した点を、ファシリテーターがリフレクション前に背景説明で整理することで、よりリアルな文脈に即した対話が生まれるようにする仕掛けです。そして（4）には、参加者の関心がどこにあるのかをあらかじめ可視化することで、時間を効率よく活用しようという意図がありました。対話の時間配分を考えたり、一定時間分を飛ばして再生したりできるようにしたのです。

また、「ストップモーション式録画リフレクション」を開発した最大のポイントである（5）は、大きく二つの理由から取り入れたものです。

第1に、事前視聴による「体験のズレ」を是正することです。参加者が何らかの理由でじっくり視聴できていないとしても、置いていかれることなくリフレクション会に参加できる「安全・安心の場づくり」を意識したものです。第2に、ファシリテーションにおける掘り下げの仕掛けやすさです。「協働的な授業リフレクション」では、「気づきとシーンの結び付け」が重要となります。録画を一緒に視聴しながら、「ここ！」というポイントで気づきを話してもらうことで、対話が生まれやすくなることをねらいました。試行会は2021年1月から、以下の3回実施しました。

(1) オンデマンド教材（小学校・外国語、約15分）、20人
(2) オンライン模擬授業の会の録画（中学校・理科、約20分）、10人
(3) 調理実習オンデマンド教材（中学校・家庭、約7分）、15人

　この実施に当たって、ファシリテーターとして気を付けたのは以下の3点です。「①全員が参加できる録画リフレクション」「②リフレクションの経験度合いが違っても実感を語りやすくするリフレクション」「③対話の流れにおいていかれないリフレクション」。

　私にとって初めての本格的なファシリテーション経験となりましたが、会の録画を見返してみると、「対話とチャットの併用」が大きな効果をあげていました。第1回では予想より参加者が多く、時間の都合上全員のコメントは難しそうな状況でした。どのように参加を促そうか考えながらファシリテーションを進めましたが、実際に始まってみると、「ストップ！」の掛け声から気づきを話してもらっている横で、チャット欄に関連するコメントがいくつか出てきます。私がそれを拾って「もう少し詳しく教えてください」と促すと、そこをきっかけとして対話が次々生まれてきました。チャット欄に書かれるものの多くは、見出しのようなコメントです。そこを「詳しく」と掘り下げることで、少し戸惑いながらも、より具体の場面や参加者のエピソードが実感を伴って語られていたのが印象的でした。

　活動中心のワークショップ型授業や対話型の授業を日頃から行っている私としては、「つぶやきを拾って問い返したりシェアしたりする」と

いう何気ない行為でしたが、この一連の対話の中で共通点や相違点を探ったり、情報を構造化したり視点の不足を探ったりする「情報編集」*4を行い、気づきの連鎖を生むアシストをしていたようです。また、いきなり発言することに抵抗がある人でも、チャットというワンクッションを挟むことで、参加のしやすさが一層増したのだと思います。文字で画面上に残るため、ファシリテーターとしても焦らずに気づきを拾うことができました。恐らく、この方法で全員がいずれかの形で対話に参加することができていたようです。1回目のこの経験から、「ストップ！→コメント→チャット→促してコメント」というサイクルが基本的な進行パターンとなりました。

　テイストが違った3種類の録画素材によっても、多様な気づきがたくさん出されました。特に、3回目で用いた、コロナ禍で調理実習ができない状況の中で、自宅での自由課題として生徒が実践できるようにするための説明動画についてのリフレクションが印象的です。特に説明が入らない字幕だけのシンプルな動画だったので、授業者はどのようなコメントが出るのかを心配していたようですが、始まってみると、例えば画面に映し出される情報量についてや、授業者が動画作成時には全くこだわっていなかった具体的な場面を示して、その効果について指摘したコメントなど、授業者も私も思いもよらないくらいの気づきが次々と出されていきました。「肯定ファースト」のグランドルールが生み出す安心・安全な空間の中で、ストップモーション方式の特質を生かして参加者で動画を見返しながら、授業の良さが解析されていきました。ここが、先に述べた二つの方式の融合の成果（＝進化した"令和型"ストップモーション方式）なのだと思います。

◆● 「ストップモーション式録画リフレクション会」の3つの効用とファシリテーションのススメ

　試行会を通して私が見出した効用を整理すると、以下の3点です。

---

*4　安斎勇樹・塩瀬隆之『問いのデザイン 創造的対話のファシリテーション』（学芸出版社、2020年）の5章「ファシリテーションの技法」に詳しい。

第1に、録画素材を見ながら対話ができることです。事前視聴のみの録画リフレクションでは、参加者の視聴の度合いによってリフレクションの前提となる「体験」に差が生じる可能性があります。それに対して、ストップモーション方式では、録画を再度視聴しながら対話することで、その差を是正することができます。

　第2に、「気づきとシーンとの結びつき」を可視化できることです。対面式の「協働的な授業リフレクション」との大きな違いは、「一番の気づき」を順に出し合うのではなく、シーンごとにストップをかけ、「似た関心の人同士が対話する」ということです。このことで、気づきを聞く側が、その対象となるシーンを容易に確認することができたり、再度見返して話題を共有したりすることができます。

　第3に、「リフレクションを学ぶ手段」としても機能することです。今回の試行会に参加した教職2年目の先生は、リフレクション初体験でした。彼女がそれまでの授業研究会で体験した、「指摘と反省の議論」との違いに最初は戸惑ったと言います。また、他の参加者の対話を聞くうちに、彼女がまったく気にしていなかったシーンで気づきが出されていたことに驚いたそうです。そして、会の後に再度録画素材を視聴し、「なるほど」と腑に落ちたことがあったという実感を語っていました。このように、互いのリフレクションのプロセスを知ることで、リフレクションを学ぶことができるということも、録画リフレクションならではの効用であると言えます。

　また、手軽に実施できる録画リフレクション会で、ファシリテーションをするのもおすすめです。私自身、机間指導で生徒のノート記述を見取って授業を構成したり、つぶやきを拾って問い返したりするといった、普段の授業の延長線上でファシリテーションをしていましたが、逆に授業中の仕掛け（情報整理や掘り下げ）を見直すきっかけにもなりました。リフレクションが自分の教育観の洗い出しに効果があるのと同じように、ファシリテーションが授業技術のブラッシュアップにつながっているのだと思います。録画リフレクション会と学校の授業との間で、ファシリテーションを通した相互作用が生まれているような気がします。

（守　康幸）

第5章

大学授業の
リフレクションの工夫

上條 晴夫

1 リフレクションペーパー

活動中心から省察中心へ

授業づくりの発想法を3つのタイプに分けて考えています。

一般に大学の授業は説明中心の授業づくりをします。研究が明らかにした概念を細分化・順序化・具体化して説明をします。しかしわたしの担当する科目は、現場の授業をできる限り実践に即して教えています。現場の授業を「模擬授業・ワークショップ・教材体験」などの活動として体験できるように構成した活動中心の授業づくりをしてきました。

どういう発想で授業設計するか

①説明中心の 授業づくり	説明を中心に授業を考える。授業内容を細分化・順序化・具体化して説明する。
②発問中心の 授業づくり	発問を中心に授業を考える。授業内容を連鎖式の問いにして答え探しをさせる。
③活動中心の 授業づくり	活動を中心に授業を考える。授業内容を活動として体験できるように構成する。

しかし、リフレクション研究を進めるうち第4類型である「**省察中心の授業づくり**」をするようになりました。講義の半分は活動（＋ミニレクチャー）、残り半分はリフレクション教示です。活動を通して実感したことをいかに言語化していくか。省察を授業の中心にしています。

90分授業の時間配分は以下の通りです。

①前時に書いたリフレクションを読み合う（15分）

②主な活動＋ミニレクチャー（45分）

③リフレクションを書く（30分）

　活動中心の授業づくりの頃は、リフレクションを書く時間は10分未満でした。しかしそれだと「こんなふうに書いて下さい」と書き方を短く指示するのがせいぜいです。リフレクションは学生（センス）任せです。それが「協働的な授業リフレクション」の開発をきっかけに変わりました。単に「書き方」を指示するのではなく「実感をどういう『手順』で言語化するか」を教示（手引き）するようになりました。

　それまで授業の中心と考えて「尺」をとっていた活動時間を圧縮してリフレクションに時間を割り当てることに決めました。学びは活動から生まれるのではなく、活動をリフレクションするところから生まれます。もちろんリフレクションは活動と同時にも起こりますが、授業としてはリフレクションの手順を教示したり、それを具体的に作業してもらう時間を確保することが必要であると考えました。そう考えて生まれたのが上記「省察中心の授業づくり」（の時間配分）ということです。

非解説型模擬授業

　講義中に扱う活動は、わたしが過去に実践研究してきた、学生に教育的刺激を与えるであろう授業を実演します。青木幹勇さん、向山洋一さん、岩下修さん、鈴木清隆さんらの授業です。また「知識統合型ジグソー法[1]」や「協同学習」などのワークショップについても行っています。

　その活動の際、できる限り解説しないようにしています。

　学生や若い先生に指導を行う場合、「解説型模擬授業」と呼ばれる、授業途中に、授業の考え方やスキルの解説を差し挟む方法があります。イベント式研修では便利な方法なので、わたしもこれを採用することが

---

[1]　「東京大学 CoREF（コレフ）」が開発した学習法。エリオット・アロンソン（Elliot Aronson）が提唱したジグソー法とは、ねらいや手法が異なる。詳しくは以下の HP を参照のこと。https://coref.u-tokyo.ac.jp/

あります。しかし大学授業のように、じっくりリフレクションの訓練を行う場合は、解説をしない「非解説型」模擬授業でやっています。

「非解説型」がなぜ必要かというと、模擬授業の中の実感を発見的に学んでもらうためです。模擬授業の途中や事後に「解説」を加えるスタイルも試してみたことがありますが、解説を加えるとその後に書いてもらうリフレクションの文章がわたしの解説＝見えをなぞる（追認する）ものになってしまいました。リフレクションは仮にそれがどんなに拙いものであっても、学生自身が実感している自分の「見え」（気づき）をコトバ化することが出発点になります。教師の「見え」（解説）をなぞるだけの「もどき」を書かせてしまっては感覚を劣化させます。

逆に言うと、この非解説型模擬授業には活動だけで学生の「気づき」を引き出すポテンシャルが必要だということです。単に完成度の高い授業ではダメだということです。学生の持っている授業常識に「あれっ？おかしいぞ。これまで自分が持っていた授業イメージと違う部分を含んだものを体験しているぞ」と思ってもらえるような模擬授業が必要だということです。できる限り、そういう学生の常識に刺激を与えるような授業を模擬授業として示し、そこからの「気づき」を待ちます。

オルタナティブストーリーの再構成に際し、効果的な方法である「例外（ユニークな結果）探し」を用いたナラティブ・アプローチ[*2]の学びと言えます。別の柔らかい言い方をするとクセの強い授業が必要です。

●● 「実感」に触れる書き方

「クセの強い授業」を非解説型模擬授業として行って、それをもとに、学生たちにリフレクション（気づき）を書いてもらいます。

手順化する前のリフレクションの指示は以下の通りです。

> ①授業（活動）を通して気づいたり、感じたりしたことを
> ②一つにしぼって書きます。

[*2]　相手が語る「物語（narrative）」を通して解決法を見出していく臨床心理学の領域から生まれたアプローチ。

③「たとえば／とくに」を使って書きます。
④「かな」を使って推論を加えます。

　これだけの指示でもしないよりもしたほうがよいです。しかし「一つにしぼって」の部分についても学生はなかなか理解できません。

　そこで、『今から４分間、授業の中で気づいたこと・感じたことを箇条書きします』というような指示をします。

　全員一斉に箇条書きをしてもらいます。

　同じ４分間でも学生によって数がまったく違います。

　数が多ければよいというわけではないですが、一端は「気づき」の数に挑戦することをしてもらいます。それによって少しだけ気づきの感度を上げることができます。それぞれの学生がいくつ書けたのかをサクーッと聞きます。効果的なのは数の多い学生に読み上げてもらうことです。なかなか数の増えない学生はその発表を聞いて、自分が授業に関係ないとして無視していた要素の中に授業と関連した要素を発見します。

　「たとえば／とくに」を使って書くのは「気づき」と「その気づきのきっかけとなったシーン」を結びつけるための具体的な指示です。この指示がない場合は、ぼんやりと感じことを「これまで何度も使ってきた」手垢の付いた言葉で記述するだけのリフレクションになります。

　授業リフレクションに似た記述として「（教師に向けた）感想文」がありますが、これまでたくさんの「（教師に向けた）感想文」を書いてきた学生たちは、教師向けのフレーズを持っていて、それを使い回してリフレクション「もどき」を書きます。しかし、それはその特定の授業の体験を表現するものではないです。やや強制的であってもシーンと結びつけて書くことを要求することによって変化が生まれます。

　「かな」という特殊な用語はフォーカシングの「EXP スケールによる評定」から借用したものです。実感の来るところを断定するのは難しい場合でも「かな」と推論することによって実感の方向に近づくことができます。この「かな」をリフレクションシートに書くことを促すようになってから学生のリフレクション感度がイッキに上がりました。

2 直感と論理をつなぐ 思考法リフレクション

●● 『直感と論理をつなぐ思考法』‥‥‥‥‥‥‥‥‥‥

　佐宗邦威著『直感と論理をつなぐ思考法』（ダイヤモンド社、2019年）を読みました。

　この本の中身というよりタイトルに刺激されて新しいリフレクション指導法の一つ「読むリフレクション」の方法を開発しました。

　アイデアは単純でしたが、その効果は上々でした。

　リフレクションを学ぶのに他者の書いたリフレクションを読むことが重要なことは自分の経験だったり、リフレクションの得意な人の証言からわかっていました。しかし、どうやったらリフレクションを学ぶ学生に本気になって読んでもらうことができるかがわからないでいました。

　唯一やっていたことは選り抜き一枚文集を手渡すことです。

　手渡すときはリフレクションの選抜理由を話しました。

　「このリフレクションはここがこう良い！」

　熱を込めて良さの理由を語りました。

　しかし選抜理由はあくまでわたしの観点です。確かにわたしの観点が刺さる学生もいましたが、手応えでは2〜3割くらいでした。

　わたしはわたしが良いなと直感したリフレクション文を論理を使って話します。学生はわたしの話したことを論理を使って理解してくれます。しかし論理だけのやりとりで彼らの心が動くことは稀れです。

　刺さるためには直感（心）が動く必要がありました。

●● 直感と論理をつなぐ思考法リフレクション‥‥‥‥‥

　タイトルに刺激されて開発したリフレクションは以下です。

①学生のリフレクション（6〜7つ）を選り抜きにして手渡す。

②全部読んで一番好きなリフレクションを選択します。
③ペアになって好きな理由を交互に聴き合います。

　学生には以下の指示文でプレ学習することを促しました。

　「前回の『リフレクション7選』（オンラインで事前送信）です。ぜひ目を通して、自分の好きな一番を選んでおいて下さい。誰からか聞いた評価規準に基づいて『これが良い！』と判断するのではなくて、自分の心の実感による『これが好き！』を選べるといいです」

　「プラス、なぜそれが好きなのか。①（自分が選んだ）リフレクションの中の言葉、②自分の過去の経験、③自分が大切にしている価値、などと関連させて、論理的な（根拠のある）説明ができるようにしておいてください」

　つまり読むときに「直感」（好き）を使うように促します。

　そして「直感」（好き）を「論理」で説明させます。

● トゥールミン・モデルで直感と論理をつなぐ……………

　論理の説明をするのに必要なのが「トゥールミン・モデル[*3]」です。

「トゥールミン・モデル」の略型

　好きな「リフレクション」（主張）を一つ選んだら「好き」の根拠とな

---

*3　イギリスの哲学者スティーヴン・トゥールミン（Stephen Edelston Toulmin：1922-2009）が提唱した論証モデル。

る「データ」（事実）を探します。データには先の指示文の中にある「好きなリフレクションの中の言葉」「自分の過去の経験」「自分が大切にしている価値」などがあります。それらを意識して探します。

　それらのデータをもとに自分の好きを「理由づけ」します。

　こうすることで直感と論理をつなぐことができます。

　ただしこれを自分一人で行うのは難しいです。

　理由づけを促すペアグループを作って聴き合いをします。

●「好きな理由」を聴き合う場

　誰か一人の学生と次のような「好き」を聴き合う実演をします。

「どのリフレクションが好きですか？」

「③のリフレクションです」

「③はどんなリフレクションでしたっけ？」

「〇〇〇という内容です」

「なぜそのリフレションが好きですか？」

「なんとなくですが、自分と感じ方が似ていると思ったからです」

「特にどのあたりからそれを感じますか？」

「＊＊＊＊という部分です」

「その部分のどういうところが似ていると思ったんですか？」

「わたしも授業の同じ箇所をいいなと思ったんです」

「そうなんですねぇ」

「この場面に安心感を感じるんです」

「安心感？」

「落ち着ける感じ？」

「ノンビリした感じがいいって書いてありますよね？」

「はい」

「わたしも居心地いい授業だなぁと……」

「居心地いい授業が好きなんですね？」

「好きです」

「〇〇さんも自分でそういう授業を作ってみたいですか？」

「現場に出たらぜひやってみたいと思います」

学生には2分間ずつ交互で聴き合うように指示します。

1分のロスタイムを入れて合計5分間の「聴き合う場」を設定します。そして「好きの理由」をお互いに聴き合う体験をした後にどんなことを気づいたかをインタビューします。（話し手の「一番好き」ではなく、聴き手の「気になる一つ」を指定して聴くこともします。）

● 聴き合う場づくり効果

リフレクションで難しいのは「心の実感」に気づくことです。

自分が何となくでも書き出した「気づき」の理由をアレコレと聴いてもらって話をしているうちに自分が無意識に感じていた「心の実感」に触れることができるようになります。「心の実感」に触れて話すことを繰り返すうちに心の実感に触れることに徐々に慣れていきます。

例えば上の例で「③はどんなリフレクションでしたっけ？」という質問に対して「○○○という内容です」というふうにリフレクションの内容を短く要約して話すとき「実感」を使っています。リフレクションの内容をかいつまんで話すときに「実感」が使われるからです。

最初に大きく好きな理由を聴いた後、「特にどのあたりからそれを感じますか」と質問しています。この質問に従って、それを話そうとする学生は、改めて「どのあたりに実感があるか」を探ります。

もちろんスッとそれができないこともあります。しかし少しずつ感触をつかみはじめます。

この聴き合う場のよいところは聴き手に促されて実感を見つけにいく役目と実感を引き出す役目をそれぞれ体験できることです。

学生たちの質問はどんどん上手くなっていきます。上手になっていく質問に促されて、心の実感に触れること、コトバにすることができるようになっていきます。両方体験をすることによってその学生なりのリフレクションポイントが明瞭になってきます。

3 リフレクション・ラウンドテーブル ®

● 理論と実践の往還－齋藤方式－ ‧‧‧‧‧‧‧‧‧‧‧‧‧‧‧‧‧‧‧

リフレクションの基本は「実践」体験をコトバ化することです。

しかしコトバ化された「理論」（概念）を手がかりに実践体験を語り合い、内省する時間を持つことは実践上の大きな手がかりを得ることになります。ただし「理論⇒実践」の方向性は相当手強いです。

齋藤孝著『世界の見方が変わる50の概念』（草思社、2017年）は「概念を知って味方につけると、世界がクッキリと見えてきます。新しいものの見方で自分や社会や世界を見ると、これまで思っていたこととちがうことが見えてきて、今までもやもやしていたのがスッキリする」と言います。

これまで理論と実践の往還という言い方で、その重要性がくりかえし指摘されてきた部分ですが、「理論⇒実践」の具体的方法については、ほとんど研究らしい研究がされてきませんでした。しかし上記の本には次のような「齋藤方式」と呼べるアプローチが紹介されています。

> 「大学の授業では、四人一組で、一人一つずつ、たとえば自分の〈アイデンティティ〉と思うものを語ってもらいます。部活を途中でやめてしまったとき、何をしたらいいかわからなくなって茫然としたというエピソードが語られたとしたら、その学生はアイデンティティの危機、〈アイデンティティ・クライシス〉がわかったことになります。エピソード絡みで語るのが、概念をものにする一番いい方法です。」

これは「理論⇒実践」を考える大きなヒントです。

●● ミンツバーグ：マネジメント理論を学ぶ方法 ………

　齋藤本の記述を手がかりに何度か試行したことがあります。

　直感的にはこの方法でうまくいくはずと、学生たちを相手に試行してみたのですが、なかなかうまくいきませんでした。

　これまでの「概念を学ぶ授業」は、学生は教員から概念の説明を受けて、それをノートに記録し、テスト回答欄にその定義をそのまま書き込むか、事例などが指し示す概念名を書き込むということがふつうでした。

　しかし齋藤メソッドはそれよりも高い負荷がかかります。

　「このエピソードで本当に合っているのか?!」

　「概念を正しく理解しているだろうか?!」

　この齋藤メソッドに出会ってから3年くらいしてフィル・レニール＋重光直之著『ミンツバーグ教授のマネジャーの学校』（ダイヤモンド社、2011年）で以下の「**リフレクション・ラウンドテーブル®**」という方法に出会います。この方法は、ミンツバーグ教授の概念を経験の内省と対話で学びます。

---

　①**マネジメント・ハプニングス**（15分）

　　直近の1週間のマネジメント上の出来事を自由に語り合う。話題選択は当人の自由である。

　②**トピックに基づく内省と対話**（55分）

　　その都度与えられるテーマについて自分の経験を内省し、意味づけした内容を、互いに交流する。

　③**まとめ**（5分）

　　最後に、今日のセッションでの気づきを各自が整理し、実践してみようと思うことを書き出して終了する。

　この本によると、1回75分のセッションを毎週1回ペースで勉強会をします。現役マネジャーが10～12人ほど集い、輪になって対話を重ねます。この方法は「協働的な授業リフレクション」や「PCAGIP」のやり方にも似ています。参加者は固定し、半年から1年続けるそうです。

「内省と対話」という箇所にピンと来る点がありました。

この方法をベースに学外の専門家を相手に実践してみました。

最初は上記の記述どおり「輪になって対話を重ねる」方式を採用したのですが、すぐに4人一組のグループを作ってやる齋藤本のアプローチと組み合わせることにしました。4人一組になって、それぞれがそれぞれの「これかな?!」と思うエピソードを短く語り合います。

それに「PCAGIP」のリレー質問を組み合わせます。つまり4人一組でエピソードを話すとき、短く語った後に残りの3人がリレー質問方式で、語り手の考えやエピソードの背景を整理する質問をしていきます。これで概念を無理なくエピソードに変換できるようになりました。

4人一組で話をするのでその後は全体でシェアします。この部分は「BOS活用型リフレクション」の応用です。

●●「レジリエンス」をリフレクションする・・・・・・・・・・・

大学授業で「レジリエンス」（逆境から素早く立ち直り、成長する能力）のワークショップをしました。まずレジリエンス概念をサクッと説明し、次に概念を使ったエピソードを語り合ってもらいました。

以下の「概念を学ぼう」プリントを使ってワークしました。

概念を学ぼう：レジリエンス

■概念の背景

ストレス社会です。現代の環境は目まぐるしく変化しています。その中で、生産性を上げて持続的成長を遂げるといった難題に取り組みつつ、心身ともに健康で幸せな人生を歩んでいくにはある特性が必要になります。それが「レジリエンス」です。

■定義

レジリエンス研究の第一人者ペンシルベニア大学カレン・ライビッチ教授はレジリエンスとは「逆境から素早く立ち直り、成長する能力」と定義しています。日本では「打たれ強さ、折れない心、心のしなやかさ」などの表現が使われます。

■レジリエンスを高める工夫

①マインドフルネス（心を落ち着ける技）を身につける

②失敗した原因を外側ではなく内側に探してみる

③マイナス感情もポジティブに行動してみる

④小分けして積み上げる

⑤サポートを求める

■演習

> 自分がピンチになった場面でレジリエンスによってなんとか
> 対応できた経験をエピソードつきで話をして下さい。

（参考文献：内田和俊著『レジリエンス入門』）

　４人一組に分かれて、おっかなビックリでもしゃべってもらいます。あいまいな部分はまわりの学生が少しずつ質問して整理していきます。**グループの中で一番自信ありそうにしゃべれた**学生を推薦してもらって全体で話してもらいました。これまでの概念を学ぶ授業の中で学生が最も明るい表情で授業を終えれました。すごく面白かったとも！

　説明の中に「レジリエンスを高める工夫」のような事例による説明を入れたことでこれまでより学生がしゃべりやすくなったようです。また、グループの中で上手くエピソードがしゃべれない場合もまわりの学生が質問して整理をするという方法にしたことで楽になったようです。

「持論」による方法

　この方法は学生以外にも新人教師向けの「**ベテラン教師の『理論』を自らの体験を語ることで学ぶ会**」というワークショップでも試行を重ねました。最初はこうした新しい形に慣れなくて、なかなか自分の経験を話せなかった若い先生たちもどんどん普通に話せるようになってきています。「リフレクション・ラウンドテーブル ®」の枠組、いいです。

4 メタリフレクション
（書くリフレクション）

●● リフレクションが50%である・・・・・・・・・・・・・・・・・・・・・・

　哲学の良さは問題を限界まで考え抜く本質観取にあります。

　哲学者で心理学者の西條剛央さんは新しく設立した「エッセンシャル・マネジメント・スクール」の教育方法について「リフレクションが50パーセントである」と断言しました。

　マネジメント学校のような実践的な学校づくりをする際にコンテンツ提供とリフレクション促進をどういう比率にするかを考えたとき「50パーセント」という数字はほぼほぼ限界値かなと思います。

　教育において学問的地図を伝えることは重要です。しかし学問的地図を伝えるだけでは事実を変える実践学としては十分とは言えないです。

　「巨人の肩の上に立つ」知を伝えることは必要ですが、それを実践に結び付けるには徹底してリフレクションをすることが必要です。つまり自分がこれだと思うことを試行したら、それをコトバ化する必要があります。コトバにすることで次への指針を得ることができます。

●● リフレクションを相互閲覧する意味・・・・・・・・・・・・・・・・

　前述の「エッセンシャル・マネジメント・スクール」では授業の3分の2ほどを講師レクチャーに使います。しかし残りは受講生相互で協働的なリフレクションをします。リフレクション比率が高いです。

　しかしさらに驚くべきことは授業後の学びです。このマネジメント学校ではレクチャーと協働的なリフレクションを通して学んだことを毎回「スクールタクト」（株式会社コードタクト）と呼ばれるWeb学習支援システムを使ってリフレクションします。その回のトピックをフックにして、自分自身の経験を振り返ってリフレクションレポートを書きます。

　この「スクールタクト」の良さは相互閲覧ができることです。提出さ

れたリフレクションを誰でも閲覧できます。

　従来の教育システムでも教室内での意見や感想が相互作用するための工夫が行われていました。ただレポートとして提出された意見や感想はなぜか教師一人が閲覧するシステムになっていました。レポートとして提出されたレポートもネットワーク型に学び合われて良いはずです。

　ところが授業外の学び合いはこれまで極めて限定的でした。

　その背景の一つは、これまで授業外に提出されたレポートが紙媒体であったということがありそうです。つまり紙媒体で提出されたレポートはそれをプリントして配布を行わないかぎりは受講者が相互に閲覧することが難しかったという物理的な制約条件です。

　もう一つの背景として**授業後に提出されたレポートは個人に属するものであって集合知として学ばれるという習慣がなかったから**ということもあったと思います。上記の物理的な制約も大きな理由ですが、それに引きずられて習慣になっていた「レポートは教師に提出したら終了」という学びのスタイルが協働的な学びを止めていた可能性があります。

● リフレクションをリフレクションする

　2019年度2年生ゼミでは、上記「スクールタクト」を使った実験ゼミナールを行いました。もともと2年生ゼミは、学生による実験授業（20分）とそれをめぐる「協働的な授業リフレクション」が行われてきました。

　前期は「実験授業20分＋リフレション20分」×2セットという時間配分、後期も「実験授業20分＋リフレクション60分」という圧倒的なリフレクション中心の授業デザインになっていました。実験授業の時間よりリフレクションを長くした学習デザインです。実験授業をめぐって学生各自がそれぞれの実感的な気づきを徹底して聴き合います。

　この聴き合いに、さらに授業外の読み合いを加えました。

　相互閲覧のできる「スクールタクト」を導入したということです。

①スクールタクトに**各自リフレクション**を書きます。
②ゼミ内のやりとりをもとに自分の考えを整理して書きます。

③整理をしたものに新しい気づきを加えることを推奨します。

④文章だけでなく簡単な図解を使うこともよいです。

このシステムを回すために次の３つのルール設定をしました。

①他のゼミ生のリフレクションを必ず読む。

②読んだら読んだ印として「いいね」ボタンをおす。

③二人以上のゼミ生に短いコメントを書く。

この「書くリフレクション」（リフレクションのリフレクション）の導入によって、それまでゼミの中で話し言葉だけで行っていたリフレクションと比べ、気づきの「持論化」が促進されるようになりました。

ヴィゴツキー[4]が内言・外言の特徴を次のように書いています。

内言は「短縮された速記の言葉」。「述語中心／いつも主語が省略」されます。個人的意味（センス）が優先されます。

外言（話しことば）は「内言の単なる音声化ではなく、ことばの再構成」をしなくてはなりません。他者に伝わる「構文法」が工夫されます。個人的意味でなく語義（ミーニング）が重視されます。

外言（書きことば）は、内言とも話し言葉ともさらに違う特徴を持ちます。外言（書きことば）は、状況が共有されていないので、より詳しい書き込みが必要です。語義（ミーニング）がさらに重視されます。

以上の議論を踏まえて言うと、リフレクションとして心の実感を書くということは心の中の実感をより厳密にしていく作業であり、書くことで思考を整理し、心の中をより精緻化していく作業だと言えます。

「PCAGIP」の「リレー質問」によって、最初ぼんやりとしていたエピソードの意味がはっきりしてくるのは、こうしたメカニズムが働くことによると言えます。また、「書くリフレクション」における「聴き合うリフレクション」⇒「読み合うリフレクション」というステップは、それぞれの言葉の特徴を考えてみても、理にかなっていると言えます。

〈＊この部分のヴィゴツキーの説明は井庭崇編著『クリエイティブ・

＊4　旧ソ連邦の心理学者 L.S.Vygotsky（1896-1934）心理学理論、精神病理学、欠陥学、言語学、教育心理学とその業績は多岐に亘る。

ラーニング』（慶應義塾大学出版会、2019年）の「構成主義の学びと創造」
の記述によっています。）

●● 書くリフレクションが持論化を促す ・・・・・・・・・・・

「書くリフレクション」を実践して一定の手応えを感じました。

「語り合う／聴き合うリフレクション」は気づきを深掘りする上で、
触発効果が大きいけれど、「書くリフレクション」はそれを「持論化／
構造化」の方向に持っていくのに役立つようです。

「語り合う／聴き合うリフレクション」は「建設的相互作用」（三宅な
ほみ）＊5による「自説を提案する課題遂行」役と「相手の説を取り込も
うとするモニター」役の役割交代が起こり、それぞれの理解深化を引き
起こすことになります。「似た気づき」を相互に出し合うときによく観
察されるのは、この課題遂行役とモニター役の役割交代です。

これに対して「書くリフレクション」では自分の「気づき」の中でも
とくにもやもやした感情の部分の解消に探究が向きます。具体的授業体
験では自分が持つ「（未熟な）持論」では解消できない「現象」がよく起
こります。そこにもやもやした感情が生まれます。「現象」を見据えつ
つ、「持論」を精緻化することでもやもやが少し解消に向かうようです。

ただし一度の「協働的な授業リフレクション」とその後の一度の「書
くリフレクション」を行ったからといって急に立派な「持論」が生まれ
るわけではないです。学生たちの「書くリフレクション」を観察してい
ると「持論」は何度も修正され、ようやく少し磨かれるようです。

ゼミという実践コミュニティが支えとなって、「書くリフレクショ
ン」のようなしんどさを伴うチャレンジをくり返すことで、ほんの少し
だけ、学生たちの中に「持論」の変化（進化）が生まれるようです。

＊5　日本の認知科学者三宅なほみ（1949-2015）氏による提案。「人が一人で考えている時には、
　　自らの知識を総動員して自分なりの問いを設定し答えを考えているため、その妥当性をチェッ
　　クするリソースが残っていない。これに対し、考えを聞いてくれる他者がいると再検討のチャ
　　ンスが生まれ、しかも、聞き手は話し手の思考過程を同じ詳細度では共有できないので不同意
　　や批判を行いやすく、それが話し手の再考を促す。このように相互作用を通して新しい考えが
　　生まれ続けるメカニズムを建設的相互作用」（日本認知科学会 https://www.jcss.gr.jp/
　　fellowship/naomi_miyake.html より）と呼んだ。

5 実習リフレクション

助言&激励型の実習指導パターン

　年に2度、学部学生の教育実習の巡回指導をします。教育実習前、学生が一度挨拶に来ているので、初対面ではないですが、講義やゼミで交流のない学生も少なくないです。

　指導日に初めてその学生の授業を見ます。学生のセンスもありますが、実習先の先生の指導のアト押しで何とか形になるケースが多いです。45分間の授業の半分ぐらいがそれらしくなっていればいいほうかなと思います。授業中ずっと子どもを惹きつけて授業を続けられる学生もいますが、そういうケースは稀れです。

　足りない点を探そうとするとたくさん出てきます。足りなかった点は改善点として指導します。良かった点は見つけ出して指摘します。最後に激励の言葉を言います。

　こういう助言&激励型の指導を5年ほどは続けたかなぁと思います。実習指導というのはこういうことをするのだろうなと思っていました。しかしこの指導では手応えを感じることができなかったです。

　たしかに助言はしないよりしたほうが良いです。しかし、学生に刺さる感じがなかったです。

リフレクションによる実習指導10

　ゼミの「協働的な授業リフレクション」に手応えを感じるようになって、教育実習でもリフレクションをやってみようと考えました。しかし、リフレクションをまったく知らない学生です。できるのかどうかしばらく迷っていました。およそ以下のようなことを始めました。

①授業をやっていて気づいたことを箇条書きします。

②その箇条書きを読み上げてもらいます。

③反省ばかりで手応えを書かないリフレクションが多いです。

④なぜそのことを反省したかを聴きます。

⑤指導教諭の事前の指摘ポイントであることが多いです。

⑥指導教諭の指導に応えてこれからもがんばるように言います。

⑦授業の中の手応えを付け加えるように言います。

⑧手応えが全くないという学生は稀れです。

⑨一番の手応え場面を詳しく聞きます。

⑩その場面の「良さ」を聴きます。

　留意したことは授業の中の気づきを一度書き出してもらうことです。その際、授業が終わった後の気づきでなく、授業の最中に意識したことを書いてもらうようにしました。そうすることで授業中に自分がどういうことを意識しながら授業をしていたかに気づいてもらえます。

　意識に上りやすいのは反省が圧倒的に多いです。指導教諭に指摘されていたことが中心です。まずその点を評価して激励をします。

　実習生が大学で座学として学んだ授業づくりを実技としての授業に変えるには OJT（On-the-Job Training）が必須です。OJT として行っている学びを意識化し、指導教諭のフィードバック指導に全集中するよう励まします。その上でリフレクション指導を付け加えます。

　リフレクション指導のポイントはその学生なりの「些細な手応え」に着目させることです。フィードバック指導に対応をするのに精一杯で、自分の「見え＝些細な手応え」が見えなくなってしまっている実習生にあえてそこに焦点を合わせて書き出すように促します。そうすることで学生の気づきが現れるからです。

●●「気づき」のリフレクションを知る・・・・・・・・・・・・・

　教育実習の巡回指導で、学生たちの研究授業を見て回っていたときのことです。授業の途中で子どもたちの机から鉛筆や消しゴムや資料など、モノが床に落下して出す音が気になりました。その音が連続する授業も

あります。しばらくして落下音が学生の授業がダレてしまって子どもの飽きが増大した結果として起こる現象であると突然気づきました。その点に気づいて改めて観察し直すと、その相関は明らかでした。

　気づき（アウェアネス）とはこんな些細なことです。音はあくまで音です。しかし、突然それがある意味を持つ音（子どもの授業への飽きを示す音）として聞こえるようになります。

　ただし、こういうふうなわかりやすい気づき（アウェアネス）は必ずしも多くないです。気づきは体験と観察を粘り強くくり返すうちにポロリと落ちてくるものです。コントロールしにくく無理矢理とりにいくことが難しいです。ただしつこく経験と観察を重ねるうちだんだん落ちてくる頻度が高くなってきます。学生にもそれを教える必要があります。

　反省のリフレクションは言語化された手がかりがあります。大学テキストだったり、指導教員のフィードバックの言葉の中に「こういう指導はよい指導です。こういう指導はよい指導ではないです」という授業を反省するときの「基準／観点／目安」のようなものが示されます。

　「反省」のリフレクションではそうした目安を手がかりにして自分の体験した授業を見直します。例えば「わかりやすい言葉で説明ができなかった」というのは「わかりやすい言葉で説明するのが大事である」という既に学習された命題の裏返しとして出てきたものです。「子どもたちの挙手が少なかった」というのは「よい発問をすると子どもたちからたくさんの多様な意見が出てきます」という命題の裏返しです。

　「反省のリフレクション」は必要ですが、「反省」だけだと自分の「授業観」に基づく授業の軌道修正がなかなかできません。この気づきのリフレクションを喩えて言うと、昔の航行術に似ています。自分が目指す星をつねに意識しながら船の動きを微調整しながら目的地に向かいます。これに対し、反省のリフレクションは航海図に出発地から目的地までの線を描いてそれからズレないようにする近代航海術に似ています。

　この方法でも目的地に辿りつけますが、海が荒れたような場合には、航行が難しくなります。新しい航海術は状況が安定している「シングルループ学習」に向いていますが、航行線の描き直しが必要になるような

「ダブルループ学習」の場合は不向きです。予想外のハプニングが起こることのある授業では気づきのリフレクションが必要になります。

● アクションポイント・・・・・・・・・・・・・・・・・・・・・

実習指導では以下３つの指導をすると書きました。

①**指導教員のフィードバック指導の追認**

②**反省に基づくリフレクションの確認**

③**アウェアネスに基づくリフレクション**

しかし実際にはもう一つ指導があります。それは巡回指導後の学びプランを実習生に立ててもらうことです。せっかく３つの指導をしても、残りの期間がボンヤリとしたままだと指導としては不十分です。

学生に残りの実習日程のアクションポイントを質問します。学生は上記指導を受けてさまざまに答えます。

「子どもにわかりやすい説明をさらに磨きをかけます」

「子どもたちの発言がもっとたくさん出る発問を工夫します」

「子どもたちが楽しいという授業をしてみたいです」

どんなアクションポイントが出てくるかは学生の成長段階（現時点でリアルに課題になっていることが何か）**によって違ってきます。**気づき（アウェアネス）に基づくリフレクションも促しますが、そこが最も切実なアクションポイントに上げられるとは限りません。

学生の成長段階がそのポイントを発見します。

あとがき
・・・・・・・・・・・・・

ああ誰か来てわたくしに言え。「億の巨匠が並んで生まれ、しかも互に相犯さない、明るい世界はかならず来る」と。

　　　　　（宮沢賢治『校本全集3　春と修羅第二集　下書き稿二』より）

リフレクションを学ぶ意味

　リフレクションの考えや方法論を学ぶことでその後の教員生活に良い影響があるという研究データがあります。ここ10年ぐらいそのことに熱中しています。リフレクションの利点は自分の仕事を自分が納得できる方向に進化させられることです。

　現場に入って仕事を始めると、現場の複雑さに四苦八苦します。もがきながら現場流儀を習い覚えることになります。そこで一度安定します。むずかしいのはその先へと進むときです。先に進むのに必要になるのがリフレクションという考え方です。

　現場流儀の修得法は誰か上の人の考えた教育パッケージを習い覚えるという方法論です。リフレクションはちょっと違って、自分が「いいな」と思った「学びの意味」（とそのしかけ）を状況と対話をしながら馴染ませていく方法論です。

　コロナだったりデジタルだったり。新しい教育状況の中で「学びの意味」の問い直しをする講演会や勉強会が活況を呈しています。すごくワクワクします。この新しい学びの意味の問い直しがその先の進化につながっていけると素敵です。

あっさりと成人発達理論について

　「成人発達理論」という考えが注目を集めるようになっています。

　教師なら子どもの発達理論を学ばない人はいないですが、教師自身が対象となる成人発達理論を学んでいる人はまだ少ないです。

　最も有名な研究者はロバート・キーガンさんです。

その理論の骨格を粗く言うと次の通りです。

①人は生涯を通して成長し続ける

　以前は「大人になったら成長しない」と普通に言われていました。しかし、脳科学などの研究からも「人は生涯成長し続ける」ということが常識となってきました。

②成長には水平的成長と垂直的成長がある

　水平的成長とは、知識の量的拡大・スキルの質的向上などです。従来、大人の成長と言えば、こればかりが意識されていました。垂直的成長とは、人間としての「器」が拡大し、認識の枠組みが変化することです。この後者が重要です。

③垂直的成長をさせる方法がある

　垂直的成長を促すためには自分が無意識に持つ「裏の目標（裏コミットメント）」が作り上げる強い固定観念を修正させられれば大人も変わることができます。

　リフレクションを考えるときに「水平的成長」という枠組みで考えると、それは単なるスキルの一つです。しかし、リフレクションは進化と呼んでよい「器」の拡大、認識の枠組みの変化を促すこともあります。

　アウェアネスのリフレクションがそのカギになります

◆◆ 「億の巨匠たち」を信じる！

　わたしのリフレクション実践研究のきっかけを作ってくれた研究者がいます。直接会ってインタビューもさせていただきましたが、その方は、大人の垂直的成長を当たり前に信じて、リフレクションの指導をしていました。わたしは垂直的成長を信じるリフレクションが好きです。

2021年7月　上條晴夫

■ 編著者紹介

上條晴夫（かみじょう・はるお）

1957年山梨県生まれ。東北福祉大学教育学部教授。特定非営利活動法人「全国教室ディベート連盟」理事。リフレクション lab 理事長。著書に『子どもとつながり、学びが広がる！　オンライン授業スタートブック』（学事出版）『理想の授業づくり』（ナカニシヤ出版）『実践・教育技術リフレクション　あすの授業が上手くいく〈ふり返り〉の技術①身体スキル』（合同出版）など多数。

■ 著者紹介

伊藤浩也（宮城県公立小学校教諭）

池亀葉子（特定非営利活動法人 Creative Debate for GRASSROOTS 理事長、民間こども英語講師授業研究会主宰）

髙橋恵大（宮城県公立小学校教諭）

鈴木優太（宮城県公立小学校教諭）

額賀　大（茨城県東海村立小学校教諭）

松本紀子（神戸学院大学附属中学校・高等学校非常勤講師）

岩田慶子（兵庫県神戸市立中学校教諭）

芳賀健顕（宮城県公立小学校教諭）

曽根義人（宮城県公立小学校教諭）

守　康幸（宮城教育大学附属中学校教諭）

リフレクションを学ぶ！ リフレクションで学ぶ！

2021年8月30日　初版第1刷発行

編 著 者　上條晴夫
発 行 者　花岡萬之
発 行 所　**学事出版株式会社**
　　　　　〒101-0021　東京都千代田区外神田 2-2-3
　　　　　電話03-3255-5471　https://www.gakuji.co.jp

編集担当　加藤　愛
装　　丁　三浦正巳　／　表紙イラスト　増田泰二
本文イラスト　松永えりか（フェニックス）
印刷製本　精文堂印刷株式会社